Ira Schneider

Nordhessische KÜCHENKLASSIKER

Diebchen, Ahle Worscht und *Weggewerg*

Wartberg Verlag

Bildnachweis:
Alle Fotos von Ira Schneider mit Ausnahme des Autorenfotos auf der Umschlagrückseite von Klaus Görgen.

1. Auflage 2017

Gestaltung und Satz: www.ravenstein2.de
Druck: Druck- und Verlagshaus Thiele & Schwarz GmbH, Kassel
Buchbinderische Verarbeitung: Buchbinderei S. R. Büge, Celle

34281 Gudensberg-Gleichen · Im Wiesental 1
Telefon: 056 03/9 30 50 · www.wartberg-verlag.de

ISBN 978-3-8313-2479-8

Ira Schneider

Nordhessische KÜCHENKLASSIKER

Diebchen, Ahle Worscht und *Weggewerg*

Wartberg Verlag

Wer nach Nordhessen reist, kommt an Spezialitäten wie „Ahler Worscht", „Weckewerk" oder „Grüner Soße" nicht vorbei. In den Küchen der Gastronomie serviert man sie mit Stolz, aber auch in den Privathaushalten werden die Klassiker gerne gekocht. Selbst wenn der Sonntagsbraten inzwischen „vom Brunch" verdrängt worden ist – so manche kulinarische Tradition hat dennoch überlebt. Viele Haushalte, so berichten die Waldecker Landfrauen, sind bis heute im Besitz einer gusseisernen Platte, die man früher auf den Herd auflegte, um Ofenkuchen zu backen. Diese kommt nach wie vor zu besonderen Anlässen wie zum Kartoffelfest im Herbst zum Einsatz. Denn nur so werden Schepperlinge & Co. schön dünn und knusprig.

Die abwechslungsreiche Kulturlandschaft Nordhessens (www.nordhessen.de), die geprägt ist von Wald, Wiesentälern, Gewässern, Bergen, Schlössern und malerischen Fachwerkhäusern, lädt förmlich zum Genießen ein. Der „gemeine Tourist", der bei der „Hessischen Küche" oft an „Handkäs mit Musigg" oder an „Äppelwoi" denkt – wird vor allem überrascht sein, wie wehrhaft sich die Nordhessen bislang von der süd- oder rheinhessischen Küche abgrenzen konnten. Denn Handkäs' und Stöffche sucht man hier vergeblich. Umso schöner, wenn es beim Besuch Nordhessens vieles in der Küche zu entdecken gilt, was man von anderswo noch nicht kennt.

Neben traditionellen Rezepten wie „Förmchen" oder „Spanisch Lauch" trifft man heute in der Spitzengastronomie auch auf raffinierte Neu-Interpretationen der Klassiker. Wo man die regionalen Schätze noch genießen und kaufen kann, verraten die Internetseiten des Slow Food Conviviums Nordhessen und die des Fördervereins Hessische Ahle Wurscht e.V. Auch das Spezialitätenfestival „Nordhessen geschmackvoll", das immer Anfang Oktober in Melsungen stattfindet, ist ein Muss für Genießer.

Ein Kochbuch wie dieses, das Traditionsgerichte, authentische Rezepte und typische Zutaten aus Nordhessen vorstellt, ist kein einfaches Vorhaben. Ohne Unterstützung wäre dies nicht möglich. Ich bedanke mich herzlich bei meinem Slow Food-Kollegen Gerhard Schneider-Rose, der zusammen mit dem Slow Food-Convivium Nordhessen seit einigen Jahren akribisch alte Rezepte aus der Region zusammenträgt. Er kann bereits auf einen gehörigen Fundus blicken, ist aber immer noch auf der Suche nach weiteren Familienrezepten. Ebenfalls besonderen Dank möchte ich Elke Jäger aus Korbach-Strothe aussprechen. Als Bezirksvorsitzende der Waldecker Landfrauen hat sie mit ihren Mitgliedern ein Landfrauenkochbuch veröffentlicht, in das alte und moderne Rezepte mit einfachen, überall verfügbaren Zutaten eingeflossen sind.

„Herzlichen Dank" sagen möchte ich auch meiner Mutter Magreth Schneider und Wilfried Odenthal aus Erftstadt-Erp („Speisekartoffeln Odenthal") für Unterstützung in meiner Foto-Küche (www.die-fotokueche.de).

Ira Schneider

INHALTSVERZEICHNIS

7 .... Vorwort
Kulinarisches zwischen Kassel und Bad Hersfeld

8 .... Typisch Nordhessen!
Das Who is who der Nordhessischen Küche von A–Z

11 .... Aus dem Bauerngarten –
Aufstriche, Salate und Eingelegtes
Selbstgemachtes aus der Gartenküche

25 .... Aus Ofen und Pfanne –
Mehl- und Eierspeisen
Ofenkuche, Schnäbber, Blatz

39 .... Aus einem Topf –
Herzhafte Suppen und Eintöpfe
Schdambes und Unnergekochtes

53 .... Von Weiden, aus Wäldern und von der See –
Fleisch- und Fischgerichte
Gutes aus der Worschdekammer

67 .... Tolle Knollen und mehr –
Kartoffel- und Gemüsegerichte
Gaduffeln, Dämmbekrudd und Wersching

81 .... Früchteküche –
Süßes aus der Obstkammer
Schmeckerwöhlerchen aus Obst und Milch

94 .... Register

VORWORT

Liebe Leserinnen und Leser!

In diesem Kochbuch finden Sie die Nordhessische Küche, wie sie in Privathaushalten von Kassel im Norden bis nach Bad Hersfeld im Süden heute auf den Tisch kommt. Der Rezeptband hat weder den Anspruch, ein historisches Kochbuch zu sein, noch avantgardistische Strömungen aufzugreifen. Viele Rezeptklassiker wie Diebchen (gefüllte Kartoffelklöße) mit Specksoße, aber auch moderne Speisen wie Schmandcreme mit Himbeeren finden sich im Repertoire nordhessischer Familien.

Von Ahle Worscht bis Weckewerk – Küchenklassiker aus Nordhessen

Der Rezeptekanon für dieses Kochbuch ist nach Recherchen in alten und modernen Kochbüchern aus den letzten 100 Jahren, vor allem aber durch Gespräche mit Bewohnern Nordhessens entstanden. Im Austausch mit dem Slow Food-Convivium Nordhessen unter Leitung von Gerhard Schneider-Rose aus Bebra-Breitenbach und Elke Jäger, der Vorsitzenden der Bezirkslandfrauen Waldeck, konnte ich diese Rezeptsammlung erstellen. Der Band legt dabei einen Schwerpunkt auf traditionelle Rezepturen, die bis heute zum lebendigen Küchenschatz gehören. Er zeigt darüber hinaus ebenso, wie Genuss-Menschen in der Region mit frischen heimischen Zutaten kochen.

Alle Klassiker treffen durch kleine Variationen noch immer den Zeitgeist und Geschmack einer aromatischen, unverfälschten Landküche mit einfachen Zutaten. In meiner Fotoküche habe ich die zusammengestellten Rezepte ausprobiert und in Szene gesetzt.

Welche Spezialitäten von „Ahle Worscht bis Weckewerk" man kennen muss, verrät Ihnen das „Who is who" der Küchenklassiker. Welche typischen Produkte die Region bereithält, erfahren Sie in den Einführungen der einzelnen Kapitel. Ausflüge in den Bauerngarten, die nordhessische Esskultur und das kulinarische Brauchtum sowie praktische Tipps runden den Band ab.

Sie haben nun Appetit bekommen?
Viel Freude beim Nachkochen, Schmökern und Genießen wünscht

Ira Schneider

TYPISCH NORDHESSEN!

Das Who is Who der Nordhessischen Küche von A-Z

Abbel-Leiwerchen – in Bier- oder in Hefeteig ausgebackene Apfelscheiben.

Äbbel on Gaduffeln oder Himmel und Erde – Apfel-Kartoffelstampf mit Blutwurst, Leberwurst oder grober Bratwurst.

Ahle Worscht oder Worschd – der Wurstklassiker aus Nordhessen, eine grob gewolfte, luftgetrocknete Dauerwurst aus schlachtwarmem Schweinefleisch.

Beulchen – Vogelsberger Kartoffelklöße aus rohen und gekochten Kartoffeln, die früher zusammen mit Lauch und Blutwurst in einem Leinensäckchen (Beutel, Beulchen) gegart wurden. Mancherorts heißen die Kartoffelklöße halb und halb auch „Hebes", denn man hebt die fertigen Klöße aus dem Kochwasser.

Beulches – Kartoffelklöße, die mit Fleisch-/Wurststücken, Zwiebeln oder Lauch angereichert werden.

Dämmbegrudd, -krudd – gedämpftes Weißkraut.

Diebchen – Kartoffelklöße halb und halb mit Füllung, vorzugsweise mit Ahler Worscht. Man serviert sie mit Specksoße oder mit Apfelmus.

Dippehas – wörtlich „Topfhase", ein Schmorgulasch aus Wildhase und Schweinenacken, abgeschmeckt mit Wildgewürz, Rotwein, Blut und Schwarzbrot oder Pfefferkuchen.

Duggefedd, Duckefett, auch **Schustersoße** – eine Schmand-Specksauce.

Erwesen – Erbsen, eine sehr beliebte Zutat für Suppen und Eintöpfe.

Feddenbrod – im Kasseler Raum bezeichnet man so ein Brot, das mit Schmalz oder Wurstefett bestrichen wird. Man serviert es mit etwas Salz und einer sauren Gurke oder einem säuerlichen Apfel.

Förmchen – gekochter Kartoffelpudding mit Rindfleisch, Zwiebeln und saurer Sahne.

Gaduffelguren – ein im Ofen gebackener Kartoffelkuchen.

Gähle Kollrawen (gelbe Kohlraben) – Steckrüben, auch als „Waldecker Südfrüchte" oder Unterkohlrabi bekannt.

Griene Soße – Grüne Sauce, in Nordhessen verfeinert man die Schmand-Sauerrahm-Soße mit Borretsch, Petersilie, Pimpinelle, Sauerampfer und Schnittlauch. Eine beliebte Beigabe sind auch Dill und Zitronenmelisse.

Grizzelmähre, Hammelmöhre – Pastinake.

Kraut(s)häubchen, Krautkopf oder Gefilldes Grudd – ein traditioneller Weißkohlpudding aus Hackfleisch und Weißkohl-Schichten, ähnliche Gerichte – allerdings als Auflauf bereitet – sind Krauthinkelche und Fraaß.

Lat(t)werge(n) – wörtlich: das Leckmittel, früher fand der mit Honig gesüßte Fruchtaufstrich aus Kirschen nicht nur als Brotaufstrich und Beigabe zu Speisen, sondern als Volksmedizin, beispielsweise bei Heiserkeit Verwendung.

Lattich, Laddich – grüner Blatt-/Kopfsalat, abgeleitet vom lateinischen Wort „Lactuca". Ursprünglich aßen die Hessen den Salat als gekochte Speise. Da früher Salatöl teuer und vor allem in ländlichen Regionen rar war, machte man grünen Salat mit Schmand als „Schmand-Laddich" oder mit Mehlsoße an.

Matze – Kartoffelkuchen aus geriebenen Kartoffeln mit Lauch nach Schwälmer Art, wahrscheinlich wurde der Name aus dem Jiddischen entlehnt, wo Matzen für ungesäuertes Brot steht.

Röhrenklump – Kartoffelauflauf aus geriebenen Kartoffeln mit Speckwürfeln; die Masse wird auf dem Herd mit Milch angekocht, bis sich ein Klumpen bildet und dann gebacken.

Salzekuchen – ein aus dem Vogelsberger Raum stammender Kartoffelkuchen mit Brotteig-Unterlage. Die Kartoffelmasse wird mit Zwiebeln, Quark, Schmand, Eiern, Kümmel und Speck verfeinert.

Schalet – ein im Brattopf („Schalet") gebackener Kartoffelauflauf.

Schdorzenieren, Storzenieren – Schwarzwurzelgemüse, auch als Spargel des kleinen Mannes bekannt, das Wort ist entlehnt vom botanischen Begriff „Scorzonera". Man reicht das Gemüse gerne mit Hackfleischklößchen und heller Sauce.

Schpan(n)schlauch, Spanischer Lauch, Griewerchsgmies – Lauchgemüse.

Schep(p)erlinge, auch Schöpperlinge – Kartoffelpfannkuchen aus rohen und/oder gekochten geriebenen Kartoffeln. Der Teig (mit oder ohne Hefe) wurde früher mit einem Schöpflöffel (daher der Name des Gerichts) direkt auf die Herdplatte gestrichen und dort hauchdünn ausgebacken.

Schlobberkohl, Schlubberkohl – Endivien oder auch Romana-Salat kocht man in Hessen gerne als Gemüse mit einer weißen Soße. Der Name leitet sich vom Verb „schlobbern" für „schlürfen/kleckern" ab.

Schnäbber oder Gaduffelpanekuche – Reibe-/Kartoffelpfannkuchen in der Pfanne ausgebacken.

Schnibb(pp)elbohnen – schräg geschnittene („geschnippelte") grüne Gartenbohnen. Früher wurden die Schnibbelbohnen – genau wie Weißkohl und Möhren – für den Wintervorrat mit Salz in ein Steinfass eingestampft.

Schni(bb)ppchen – ein mit Zwiebeln und Kümmel angemachter Quark oder Frischkäse.

Solber(fleisch), Sulper- oder Sullwer (knochen) – gepökeltes Kleinfleisch, auch Kochfleisch, der Name leitet sich ab von Salpeter oder Sulper, der für die Pökellauge verwendet wird.

Spitzbuwe oder Wetzstahlkließ – längliche Kartoffelklöße, ähnlich wie Schupfnudeln, die mit Specksoße oder Dörrobst gereicht werden.

Strünkchen, Schdringerchen, Strunk – als „Kasseler Strünkchen" bezeichnet man den auf Streifen geschnittenen und gedämpften Strunk einer Romana-Salat-Sorte, den man mit Schmandsoße als Gemüse genießt.

Wäggeweg, Weggewerg, Weckewerk – ursprünglich ein Eintopfgericht bei der Hausschlachtung, das aus Wurstbrühe und Resten vom Schwein bestand. Das Kasseler Nationalgericht wird mit Majoran und Thymian abgeschmeckt.

Zäwwelguren, -blatz(en) – Zwiebelkuchen oder auch „Grüner Kuchen", da man ihn früher mit Wildkräutern verfeinerte.

AUS DEM BAUERNGARTEN

AUFSTRICHE, SALATE UND EINGELEGTES

Selbstgemachtes aus der Gartenküche

Der Bauerngarten ist ein Kleinod für den Nordhessen. Auch wenn man heute fast alles kaufen kann, pflegen Genießer nach wie vor das Selbstversorgertum mit Obst und Gemüse aus eigener Ernte. Genau wie früher finden sich als Grundversorgung verschiedene Kohlsorten, Erbsen, Bohnen, Lauch, Zwiebeln, Wurzelgemüse und Kartoffeln in den Beeten des Hausgartens. Wer damals eine große Familie zu ernähren hatte, machte Gutes aus dem Garten konsequent ein und war oft tagelang damit beschäftigt, die Regalwände im Keller mit Gläsern zu füllen.

Vorrat für die Winterküche gestern und heute

Schon im Frühsommer mit den ersten Kirschen begann die Arbeit in der Einmachküche. Vor allem Stein- und Kernobst, aber auch Gurken und Rote Bete kamen süß-sauer ins Glas. Heute ist das Einmachen ein ambitioniertes Hobby, das mit Stolz – aber auch mit Übersichtlichkeit und Augenmaß betrieben wird. Ernte-Überflüsse werden auch verschenkt oder kommen „in die Truhe".

Einkellern, Einstampfen und Trocknen

In früheren Zeiten kellerte man im Spätherbst Kohl, Möhren, Zwiebeln und Kartoffeln ein. Ein Teil des Kohls wurde geraspelt und – genau wie Möhren und grüne Bohnen – mit etwas Salz in großen Tontöpfen eingestampft und milchsauer vergoren. Der Rest ruhte in Sandkisten und auf Gestellen. Bohnen und Erbsen, aber auch Äpfel, Birnen und Pflaumen, die man nicht einmachte, ließ man trocknen. Die Hülsen- und Trockenfrüchte (letztere auch „Hutzeln" genannt) dienten im Winter als sättigende Suppeneinlage und Aromengeber.

Schlobberkohl und Kräutervielfalt

In der Gartensaison bot der Bauerngarten neben Kopf- und Pflücksalaten viele frische Kräuter wie Borretsch, Petersilie, Pimpinelle, Sauerampfer oder Schnittlauch, mit denen der Nordhesse gerne seine „Griene Soße" zu Pellkartoffeln oder Fleisch bereitet. Und auch Bohnen, Erbsen, Gurken und Kohl schmecken im Sommer frisch als Salat nochmal so gut wie im Winter als eingemachte Spezialitäten aus dem Glas.

LATTICH

für 4 Personen

Zutaten

1 großer grüner Kopfsalat oder
300 g Pflücksalat
6 EL Kräuteressig
6 EL Öl
etwas Wasser
Salz, Pfeffer, Zucker
1 zerdrückte Pellkartoffel
frische, gehackte Gartenkräuter

Zubereitung

Den Salatkopf putzen, waschen und gut abtropfen lassen. Die weiteren Zutaten zu einer Vinaigrette verrühren. Diese erhitzen und über den Salat geben. Mit Brot als Vorspeise oder zu einem Fleisch- oder Kartoffelgericht servieren.

Gut zu wissen!

Früher aß man mangels Essig und Öl, die teuer waren, den grünen Salat als „Warmen Schmandladdich" mit einer Mehlschwitze bereitet. Auch „Dünner Laddch" ist bekann. Dazu gibt man 500 ml saure Sahne, 2 EL Öl und etwas Salz über den zerdrückten Kopfsalat und serviert dazu Salzkartoffeln und gebratene Blut- oder Leberwurst.

TIPP

Auch Schmandladdich ist sehr beliebt. Das Rezept für ein Schmanddressing finden sie beim „Nüsschensalat" auf S. 15.

GRIENE SOSSE
(GRÜNE SAUCE)

für 4 Personen

Zutaten

300 g Schmand
600 g saure Sahne
1 großer Bund Kräuter (Petersilie, Pimpinelle, Sauerampfer, Schnittlauch, Borretsch, Dill, Zitronenmelisse)
6 hart gekochte Eier (6–8 Minuten gekocht)
Salz, Essig, Öl
600 g Kartoffeln (als Pell-, Salz- oder Bratkartoffeln vorbereitet)

Gut zu wissen!

Die Basis an Kräutern für die nordhessische Grünen Soße bilden Petersilie, Pimpinelle und Sauerampfer. Anders als bei der Frankfurter Grünen Sauce dürfen keinesfalls Kerbel oder Kresse mit in den Dip. Heute ersetzt man gerne einen Teil der sauren Sahne oder des Schmands durch Joghurt. Die Grundlage der Kasseler Grünen Soße sind ein Teil Schmand und zwei bis drei Teile saure Sahne.

TIPP

Die Grüne Sauce passt auch hervorragend zu gekochtem Fleisch. Die Eier lässt man dann häufig weg.

Zubereitung

Die Kräuter waschen, trocken schütteln und fein schneiden. Die gekochten Eier pellen und in Würfel schneiden. Den Schmand mit der sauren Sahne verrühren, die Kräuter und Eier zugeben und alles mit Salz, Essig und Öl abschmecken. Die Soße gut durchziehen lassen und mit Kartoffeln servieren.

SCHMALZAUFSTRICH

für ein Glas à 400 ml

Zutaten

250 g Flomen vom Schwein
oder 125 g Gänseflomen und
65 g Schweineflomen
50 g Schinkenwürfel
250 g Speck, fein gewürfelt
1 kleiner feinsäuerlicher Apfel, fein gewürfelt
½ Zwiebel
1 TL getrockneter oder ein Töpfchen frischer Majoran (trocken getupfte, entstielte Blättchen)
Salz
1 EL Öl

Zubereitung

Schinkenwürfel in Öl knusprig braten und aus der Pfanne nehmen. Speck zusammen mit dem Flomen langsam erhitzen. Sobald die Speck-Grieben bräunen, die Zwiebel- und Apfelstücke zugeben und mitbräunen lassen. Das Schmalz vom Feuer nehmen und Schinkenwürfel sowie Kräuter zugeben. Die Masse mit Salz und Majoran abschmecken und abkühlen lassen.

In ein Schraubglas oder eine Servierschale füllen. Gekühlt hält sich das Schmalz über mehrere Wochen im Kühlschrank.

Gut zu wissen!

Majoran macht fetthaltige Speisen bekömmlicher und regt den Appetit an. Gerne verwendet man das Gartengewürz daher in der Wurstküche.

TIPP

Dazu passt ein kräftiges Roggenbrot. Mit dem Schmalz lassen sich im Winter außerdem Kohl- und Fleischgerichte verfeinern.

NÜSSCHEN MIT SCHMAND
(FELDSALAT)

für 4 Personen

Zutaten

300 g Feldsalat
1 kleine Zwiebel
400 g Schmand
8 EL Essig
Salz, Pfeffer, Zucker

Zubereitung

Den Feldsalat putzen und waschen. Gut abtropfen lassen. Aus den übrigen Zutaten eine Salatsoße rühren und mit den Gewürzen abschmecken. Die Zwiebel fein hacken und zu der Soße geben. Nachdem die Soße gut durchgezogen ist, gibt man sie über den Feldsalat.

Gut zu wissen!

Feldsalat aus dem Freiland hat von Oktober bis März Saison. Die nussig schmeckenden Blätter sind ein robuster Wintersalat, der viel Eisen, Folsäure und Vitamin C enthält. Botanisch zählt die Pflanze zu den Baldriangewächsen.

TIPP

Auch Kartoffeldressing ist eine beliebte Salatsoße für den Feldsalat. Das Rezept finden Sie beim „Laddich" auf S. 12.

SAURE GURKEN

für etwa 10 Gläser

Zutaten

2,5 kg Einlegegurken (mittlere bis kleine Größe)
Salzwasser (100 g Salz mit Wasser aufgießen)
80 g weiße Pfefferkörner
2 Bund Dill und Dillblüten oder
80 g Senfkörner
4 Lorbeerblätter
100 g kleine Zwiebeln
800 ml Weinessig (5 % Säure)
2 EL Salz
400 g Zucker

Zubereitung

Die Gurken waschen und abbürsten und über Nacht vollständig bedeckt in Salzwasser liegen lassen, danach abspülen und abtrocknen. Die Zwiebeln schälen und mit den Gurken in einen Steintopf oder Schraubgläser geben. Weinessig mit einem Liter Wasser, den Gewürzen sowie Salz und Zucker aufkochen. Den heißen Sud über die Gurken gießen, sodass diese vollständig bedeckt sind und sofort verschließen. Den Topf oder die Gläser kühl und dunkel lagern. Die Gurken sind so 6–12 Monate haltbar. Vor dem Verzehr sollten die Gurken gute vier Wochen durchgezogen haben.

Gut zu wissen!

Saure Gurken sind in Nordhessen eine beliebte Beilage zu Weckewerk mit Bratkartoffeln. Das Rezept finden Sie auf S. 54.

TIPP

Das Rezept eignet sich auch zum Einlegen von Gurkenscheiben. Größere Landgurken nach Belieben schälen und in Scheiben schneiden. Diese mit Salz bestreuen und 20 Minuten in Salzwasser ziehen lassen. Das Wasser abgießen und weiter verfahren wie oben beschrieben.

SCHNIPPCHEN
(ANGEMACHTER QUARK)

für 4 Personen

Zutaten

250 g Quark 20%
1 fein gehackte Zwiebel
1 EL Kümmel oder frische gehackte Kräuter
Salz, Pfeffer
etwas Milch

Zubereitung

Den Quark mit der Milch cremig rühren, Zwiebel, Kümmel oder Kräuter untermengen und mit Brot oder Pellkartoffeln servieren.

TIPP

In einem Schraub- oder Bügelglas hält sich das Schnippchen über mehrere Tage im Kühlschrank frisch.

Gut zu wissen!

Ein weiterer typischer Aufstrich ist der Saukäs'. Dafür 400 g Schinkenspeckwürfel, eine gewürfelte Zwiebel, 100 g Lauch in Streifen und 100 g Schmand miteinander verrühren.

BOHNENSALAT

für 4 Personen

Zutaten

1 kg weiße Bohnen oder
grüne Gartenbohnen
6 EL Sonnenblumenöl
3 EL Kräuteressig
Salz, Pfeffer, Zucker
Gartenkräuter oder eine Zwiebel

Gut zu wissen!

Man kann alternativ getrocknete oder eingemachte Bohnen für den Salat nehmen. Die getrockneten Bohnen über Nacht in Wasser einweichen.

TIPP

Besonders der grüne Bohnensalat schmeckt auch vorzüglich mit Schmandsoße. Das Rezept dazu finden Sie auf S. 15.

Zubereitung

Die weißen Bohnen aus den Hülsen lösen. Die grünen Bohnen waschen und abfädeln. In etwas Salzwasser gar dünsten und abschütten. Aus Öl, Essig, Salz, Pfeffer und Zucker eine Vinaigrette rühren. Gehackte Kräuter oder Zwiebel der Vinaigrette zugeben. Die abgekühlten Bohnen mit der Vinaigrette gut durchmengen.

ERBSBREI
(ERBSENPÜREE)

für 4 Personen

Zutaten

400 g frische oder getrocknete grüne Erbsen
1 Bund Suppengrün
80 g Speckwürfel
1 Zwiebel
1 TL Salz
frischer Majoran

Zubereitung

Die getrockneten Erbsen am Vorabend in 1,5 l Wasser einweichen. Die frischen Erbsen aus den Hülsen pulen. Die eingeweichten Erbsen mit dem geputzten, klein geschnittenen Suppengrün gut 75 Minuten kochen lassen. Die frischen Erbsen entsprechend kürzer kochen lassen. Dann die Masse durch ein Sieb streichen und warm stellen. Die Speckwürfel und die auf dünne Ringe geschnittene Zwiebel in einer Pfanne auslassen und über den Erbsenbrei geben.

Gut zu wissen!

Dazu serviert man typischerweise gekochtes Fleisch oder Sauerkraut mit Kassler oder Rippchen.

TIPP

Im Kapitel über die Suppen und Eintöpfe finden Sie weitere Erbsenspezialitäten aus Nordhessen.

GURKENSALAT

für 4 Personen

Zutaten

1 kg Salatgurken
250 ml Schmand
Saft einer halben Zitrone oder etwas Essig
2 EL Öl
Salz, Pfeffer, Zucker
gehackter Dill oder andere frische Gartenkräuter

Zubereitung

Die Gurken waschen und nach Belieben schälen und in feine Scheiben schneiden. Etwas Salz darüberstreuen und gut 20 Minuten durchziehen lassen. Den ausgetretenen Saft abgießen und die Gurken mit einer Sauce aus Schmand, Zitronensaft und Öl vermengen. Mit Salz, Pfeffer und Zucker abschmecken und mit den Kräutern verfeinern.

Gut zu wissen!

Gerne würzt man den Gurkensalat auch mit Kümmel. Man gibt statt der Kräuter dann etwa 1 TL getrockneten Kümmel in die Salatsauce.

TIPP

Dazu reicht man in der Nordhessischen Gastronomie heute gerne ein Schmandschnitzel. Das panierte Schweineschnitzel wird mit einer Schmandsoße gereicht. Für die Soße werden klein gewürfelter Speck und Zwiebelscheiben in der Pfanne ausgelassen und goldgelb gebraten. Etwas klein gehackter Knoblauch und 250 ml Schmand kommen dazu. Man lässt die Masse ein wenig einreduzieren und gibt sie über das Schnitzel.

ROTE RÜBENSALAT

für 4 Personen

Zutaten

2–4 Rote Bete
4 EL Rotweinessig
8 EL Sonnenblumen- oder Rapsöl
2 TL Kümmel
Salz, Pfeffer, Zucker

Gut zu wissen!

Rote Bete enthält viel Vitamin B, Kalium, Eisen und vor allem Folsäure. Beim Pellen und Schneiden von Roten Rüben empfiehlt es sich, Handschuhe zu tragen. Denn der in den Knollen enthaltene Farbstoff Betanin färbt die Haut nachhaltig violett.

Zubereitung

Die Rote Bete waschen und wie Pellkartoffeln kochen. Die Rüben nach einer guten dreiviertel Stunde kalt abschrecken und pellen. Etwas abkühlen lassen und in feine Scheiben schneiden. Aus den weiteren Zutaten eine Marinade rühren und mit den Gewürzen abschmecken. Die Marinade über die Rübenscheiben geben und etwas durchziehen lassen.

TIPP

Schafskäsestückchen nach Feta-Art und Wildkräuter passen vorzüglich zum „Carpaccio“ aus roten Rüben.

GADUFFELSALAD
(WARMER KARTOFFELSALAT)

für 4 Personen

Zutaten

1 kg festkochende Kartoffeln
(z.B. Sorte Cilena oder Belana)
0,5 l Brühe
4 EL Weinessig
2 EL Sonnenblumen- oder Rapsöl
1 Zwiebel
100 g gewürfelter Schinkenspeck
1 gehäufter EL Mehl
3 EL Schmand
Salz, Pfeffer, Zucker
frische gehackte Gartenkräuter

Zubereitung

Die Kartoffeln als Pellkartoffeln kochen, pellen und in Scheiben schneiden. Die Zwiebel schälen und fein hacken, mit dem Essig und Öl zur Brühe geben. Die Schinkenspeckwürfel in einer Pfanne mit hohem Rand auslassen und mit einem großen Teil der Brühe ablöschen. Den Rest der Brühe mit Mehl und Schmand vermischen und ebenfalls in die Pfanne geben, kurz aufkochen lassen. Die Mehlschwitze mit den Gewürzen und Kräutern abschmecken und über die Pellkartoffelscheiben geben. Gut vermengen und durchziehen lassen.

Gut zu wissen!

In manchen Haushalten gibt man auch eine fein geschnittene Salatgurke oder Ahle Worscht mit unter den Kartoffelsalat.

TIPP

Heiße Kochwurst und Frikadellen passen zum „Gaduffelsalad“.

WEISS- ODER ROTKRAUTSALAT

für 4 Personen

Zutaten

½ Rot- oder Weißkohl
6 EL Rapsöl
2 EL Kräuter- oder Weißweinessig
Salz, Pfeffer, Kümmel, Zucker
gehackte Zwiebel oder
Lauchzwiebeln nach Geschmack

Zubereitung

Den halben Kohlkopf putzen. Dafür die äußeren Blätter sowie die harten Rippen entfernen, vierteln und Strunk herausschneiden. Den Kohl mit einem großen Gemüsemesser in etwa fünf Millimeter breite Streifen schneiden. Mit einem Kartoffelstampfer die Kohlstreifen etwas anstampfen, bis Saft austritt. Der Kohl wird so weicher und bekömmlicher. Aus Rapsöl, Essig, Salz, Pfeffer, Kümmel und Zucker eine Marinade rühren. Nach Geschmack noch eine gehackte Zwiebel oder Lauchzwiebel dazugeben. Die Marinade über den Kohl gießen und gut durchmengen. Vor dem Servieren etwas durchziehen lassen.

TIPP

Wer's deftig mag, kann auch Schalotten und Speck anbraten und der Marinade zugeben. Auch Apfel- oder Birnen-Würfel schmecken lecker im Krautsalat.

AUS OFEN UND PFANNE

MEHL- UND EIERSPEISEN

Frisch aus dem Ofen: Ofenkuche, Schnäbber, Blatz

Die nordhessische Küche ist besonders für ihre vielseitigen Eier- und Mehlspeisen bekannt. Herzhafte Blechkuchen wie der Salze- und der Zwiebelkuchen wurden früher gerne im Holz- oder Steinbackofen zubereitet. Sowohl für den Salzekuchen, einen Kartoffelkuchen, als auch für den Zwiebelkuchen bestreicht man dünn ausgerollten (Roggen-)Brotteig mit einer Auflage aus Eiern, Schmand und/oder Quark, Gewürzen, Zwiebeln und Speck oder Dörrfleisch. Traditionell waren die herzhaften Kuchen, auch Blatz(en) genannt, ein vollwertiges Mittagessen, zu dem Kaffee serviert wurde. Heute bieten Bäckereien Salze- und Zwiebelkuchen im Snack-Sortiment an. Zuhause ist der herzhafte Kuchen – mit Salat gereicht – längst auch ein beliebtes Abend- und Party-Essen geworden.

Schepperlinge – knusprige Kartoffelkuchen

Zu den typischen Ofenkuchen zählen auch kleine flache Gebäcke namens Schep(p)erlinge. Die Kartoffelpfannkuchen sind den Reibekuchen („Schnäbber") sehr ähnlich. Man gibt geriebene Kartoffeln und oftmals auch altbackene Brötchen mit in den Eierkuchenteig. Dieser wird auch heute noch auf eine heiße Herdplatte aus Gusseisen geschöpft und dort hauchdünn verstrichen. Vom Tätigkeitswort „schöpfen" rührt auch der Name für das Gebäck, das auch als „Schöpperlinge" bekannt ist. Die Ofenkuchen werden nach dem Backen dick mit Butter oder dunklem Rübensirup bestrichen und dann eingerollt. Von Region zu Region sind die Rezepturen und Beilagen etwas unterschiedlich. Gerne reicht der Nordhesse auch Apfelmus oder nur Butter und eine Tasse Kaffee zu den Küchlein.

Gesellig und weltoffen

Das Schepperlinge-Bereiten nach alter Tradition ist in vielen Familien mit landwirtschaftlichem Hintergrund noch heute ein beliebtes Event für gesellige Abende mit Familie und Freunden. Auch für besondere Anlässe holt man die gusseiserne Platte hervor und legt sie auf den Herd. In der Talregion des Waldecker Lands gibt es seit einigen Jahren fahrende Gastronomen, die sich auf das Schepperlinge-Backen spezialisiert haben und diese ganzjährig auf Märkten und im Herbst auf Kartoffel- und Apfelfesten anbieten.

Einfache Eierspeisen mit Zutaten vom Hof

Als einfache Eierspeisen, die man als schnelle, unkomplizierte Mahlzeit mit Zutaten vom Hof bereiten konnte, kennt man in Nordhessen ferner herzhafte und süße Pfannkuchen aus Weizen- und Buchweizenteig, Rühreier, Schmandfladen (Eierkuchen mit Schmand) oder das Bauernfrühstück, ein deftiges Omelette mit Schinken und Kartoffeln. Auch ehemalige Arme-Leute-Gerichte wie „Geele Schnitten" (Arme Ritter) oder Kirschmichel, die aus altbackenem Brot und verquirlten Eiern zubereitet werden, sind beliebt.

SALZEKUCHEN

für 1 Blech

Zutaten

1 kg (Roggen-)Brotteig vom Bäcker oder selbst gemachter Hefeteig
750 g frisch gekochte, durch eine Presse gedrückte Kartoffeln
300 g Quark
300 g Zwiebeln
5 Eier
175 ml Öl
175 g Speck oder Dörrfleisch
Salz, gemahlener Kümmel
nach Belieben Lauchröllchen und gehackte Petersilie
Fett für das Blech und die Pfanne

Zubereitung

Den Teig ausrollen und auf das gefettete Blech legen. Kartoffelmasse mit Quark, Eiern und Öl glattrühren. Zwiebeln schälen und würfeln. Die Zwiebeln in Fett glasig dünsten und zur Kartoffel-Quark-Masse geben. Diese mit den Gewürzen abschmecken und auf dem Brotteig verteilen. Speck oder Dörrfleisch obenauf geben. Den Salzekuchen bei 180° C im vorgeheizten Ofen gute 40 Minuten goldbraun backen lassen.

Gut zu wissen!

Den Brotteig kauft der Nordhesse beim Bäcker seines Vertrauens. Alternativ lässt sich aus 750 g Mehl, 20 g Hefe, etwas Öl, Salz und Wasser ein hausgemachter Hefeteig bereiten.

HEIDEKORNMEHLKÜCHELCHEN

für 12–14 Küchlein

Zutaten

200 g Buchweizenmehl
200 ml Milch
2 Eier
1 Prise Salz
Sauerrahm (mit etwas Salz abgeschmeckt)

Zubereitung

Die Zutaten zu einem Teig verrühren und gut 20 Minuten ruhen lassen. Dann diesen portionsweise in der Pfanne in Fett ausbacken. Mit Sauerrahm servieren.

Gut zu wissen!

In früheren Zeiten baute man in kargen Gegenden Buchweizen („Heidekorn“) an, denn das Pseudogetreide war genügsam im Anbau.

TIPP

Es gibt auch Küchlein-Varianten mit Hefeteig. Hierfür 20 g Hefe zugeben und den Teig eventuell etwas flüssiger machen. Die Küchlein schmecken auch süß sehr gut.

ZWÄWWELGUREN
(ZWIEBELKUCHEN)

für 1 Blech

Zutaten

750 g (Roggen-)Brotteig vom Bäcker oder selbst gemachter Hefeteig (S. 26)
1 kg Zwiebeln
300 g Schinkenwürfel
1 EL Paprikapulver
½ EL Pfeffer
5 EL Mehl
500 ml Schmand
Öl
Paniermehl

Gut zu wissen!

Das Rezept für den Hefeteig finden Sie beim Salzekuchen auf S. 26.

Zubereitung

Zwiebeln schälen und in kleine Würfel schneiden. Zusammen mit dem Schinken in einer Pfanne mit etwas Öl anschwitzen. Schmand, Mehl und Gewürze zugeben, etwas ziehen lassen. In der Zwischenzeit den Brotteig ausrollen und auf einem gefetteten Blech auslegen. Die Zwiebel-Schmand-Masse darauf verteilen und etwas Paniermehl obenauf geben. Bei 180° C im vorgeheizten Backofen gut 40 Minuten goldbraun backen.

SPECKPFANNKUCHEN

für 2 Personen

Zutaten

250 g Mehl
2 Eier
500 ml Milch
Salz
150 g durchwachsener Speck in dünnen Scheiben
Fett zum Ausbacken

Zubereitung

Eier mit Milch und Mehl verrühren, sodass ein glatter Teig entsteht. Mit Salz abschmecken und etwas ruhen lassen. Die Pfanne mit Fett erhitzen und die Hälfte der Speckscheiben darin anbraten. Den Teig darübergießen und den Pfannkuchen von beiden Seiten goldbraun backen – warmstellen. Den Vorgang für den zweiten Pfannkuchen wiederholen.

Gut zu wissen!

Speckpfannkuchen zählen bis heute in der Gastronomie zu den (nord-)hessischen Spezialitäten.

TIPP

Dazu passt ein grüner Salat.

APFELPFANNKUCHEN

für 4 Stück

Zutaten

100 g Mehl
250 g Milch
2 Eier
1 EL Zucker
eine Prise Salz
Apfelstücke
Fett zum Ausbacken
Für die Weinschaumsoße
200 ml trockener Weißwein
4 Eigelb
4 EL Zucker

Zubereitung

Mehl, Milch, Eier, Zucker und Salz zu einem geschmeidigen Teig verrühren. Den Teig etwas ruhen lassen. Eine Pfanne mit Fett erhitzen. Den Teig portionsweise zu Küchlein verarbeiten. Dabei die vorbereiteten Apfelstücke auf die Küchlein geben und diese von beiden Seiten goldgelb backen. Für die Weinschaum-Soße die Zutaten miteinander verrühren und in einer Metallschüssel im heißen Wasserbad mit dem Schneebesen aufschlagen, bis die Masse stockt.

Gut zu wissen!

Auch mit frischen Beerenfrüchten, entsteinten Pflaumenvierteln oder Kirschen schmecken die Küchlein.

TIPP

Fluffiger werden die Küchlein, wenn man die Eier trennt und das Eiweiß als Eischnee unter den Teig hebt.

KIRSCHMICHEL

für 1 Auflaufform

Zutaten

6 altbackene Milchbrötchen
0,5 l Milch
250 g Butter
6 Eier
200 g Zucker
200 g Mandelstifte
Zimt und Vanillezucker nach Belieben
1 kg Süß- oder Sauerkirschen oder entsprechend eingemachte, abgetropfte Ware
Fett für die Form

Zubereitung

Die Brötchen auf kleine Stücke schneiden. Die Milch erhitzen, über die Brötchen gießen und durchziehen lassen. Die Eier trennen und die Butter mit Eigelb und Zucker schaumig rühren. Mandeln, Zimt und Vanillezucker unterheben. Die Masse mit den eingeweichten Brötchen und den Kirschen vermischen. Das Eiweiß zu Schnee schlagen und ebenfalls unterheben. Die Masse in eine gefettete Auflaufform füllen und gut 80 Minuten bei 180° C backen. Warm servieren mit Vanillesoße oder -eis.

Gut zu wissen!

Die Kirschen für den Plotzer werden traditionell nicht entsteint, da die Früchte so saftiger bleiben.

TIPP

Ein Rezept für Vanillesoße finden Sie im Dessertkapitel auf S. 91.

EIERSALAT MIT SPARGEL

für 4 Personen

Zutaten

8 weich gekochte Eier
300 g Spargel (Dosen- oder Frischware)
5 EL Schmand
5 EL Mayonnaise
Essig
Pfeffer, Salz, Zucker
gehackte Gartenkräuter

Zubereitung

Spargel schälen, in 3 cm lange Stücke schneiden und in etwas Salzwasser mit einem Spritzer Zitronensaft rund 15 Minuten garen lassen. Wenn eingemachte Ware verwendet wird, diese auf einem Sieb gut abtropfen lassen. Die gekochten Eier pellen und in Scheiben schneiden. Aus den restlichen Zutaten eine Marinade rühren und leicht untermengen. Den Salat mit Brot servieren.

Gut zu wissen!

Je nach Kochdauer unterscheidet man zwischen harten, kernweichen und weichen Eiern. Hart gekochte Eier haben eine Kochzeit von etwa 8–10 Minuten, kernweiche benötigen etwa 6–8 Minuten und bei weich gekochten Eiern beträgt die Garzeit etwa 3–5 Minuten.

TIPP

Beliebt ist auch ein Aufstrich namens Eierschmalz. Dazu 8 hart gekochte Eier klein hacken und mit 4 EL Schmalz verrühren. Die Masse mit Salz, Pfeffer und Schnittlauchröllchen abschmecken.

RÜHREI MIT PFIFFERLINGEN

für 2 Personen

Zutaten

400 g frische oder eingelegte Pfifferlinge
4 Eier
etwas Milch oder Sahne
1 Bund Schnittlauch
Butter für die Pfanne
Salz, Pfeffer
gehackte Petersilie

Gut zu wissen!

Frische Pfifferlinge haben von Juni bis November Saison.

TIPP

Ein altes Rezept ist der dem Rührei ähnliche Eierkäse. Dazu gibt man 6 Eier mit 250 ml Brühe oder Sahne, etwas Salz, gehackten Zwiebeln und Kräutern oder Schinkenstückchen in eine Metallschüssel. Im Wasserbad lässt man die Masse unter Rühren solange stocken, bis sich die Flüssigkeit absetzt. Die feste Masse drückt man in ein Sieb und lässt sie über Nacht weiter abtropfen. Den Eierkäse in Scheiben schneiden und als Brotbelag verwenden.

Zubereitung

Die Pfifferlinge mit einem Pinsel putzen und trocken abreiben. Größere Pilze halbieren oder vierteln. Den Schnittlauch waschen, trocken schütteln und in Röllchen schneiden. Die Pfifferlinge in der Pfanne in etwas Butter anbraten. In der Zwischenzeit die Eier aufschlagen und mit etwas Milch oder Sahne verquirlen. Die Masse mit Salz und Pfeffer sowie mit Schnittlauch abschmecken und zu den Pfifferlingen in die Pfanne geben. Die Eiermasse unter Rühren stocken lassen.
Das Rührei zusammen mit Brot, Butter, Gürkchen und Tomaten servieren.

ARME RITTER
(GEELE-SCHNITTEN)

für 4 Personen

Zutaten

4 dicke Scheiben altbackenes Weißbrot („Weck“) oder alternativ Graubrot
400 ml Milch
4 Eier
Salz, Zucker, Zimt

Zubereitung

Die Eier mit der Milch verquirlen und in einen Suppenteller geben. Die Brotscheiben in der Mitte durchschneiden und nacheinander kurz in die Eiermasse eintauchen. Eine Pfanne mit ausreichend Fett erhitzen und die Brotscheiben von beiden Seiten goldgelb ausbacken.

Gut zu wissen!

Auch sehr bekannt – um Reste zu verwerten – ist die Wecksuppe. Man schneidet das Weißbrot in Scheiben und übergießt es mit Fleischbrühe. Man isst die Wecksuppe traditionell mit gebräunter Butter und Zimt.

TIPP

Mit Zimt und Zucker bestreuen und mit Obstkompott, Vanille- oder Weinschaumsoße servieren.

SCHEPPERLINGE

für 4 Personen

Zutaten

400 g Kartoffeln
2 Brötchen
375 ml Milch
2 Eier
Öl
Salz, Zucker
zerlassene Butter oder Rübensirup

Gut zu wissen!

Einige Rezepte arbeiten auch mit rohen, geriebenen Kartoffeln. Die Kartoffelpfannkuchen sind dann den Reibekuchen („Schnäbber") sehr ähnlich. Für einen Schnäbber-Teig benötigt man für 4 Personen 2,5 Kilogramm geriebene Kartoffeln, 2 Eier, 1 Zwiebel, einige EL Weizenmehl, Salz, Pfeffer und Muskat.

TIPP

Man kann statt der Brötchen auch etwas Mehl und Hefe in den Teig geben. Mancherorts brät man Zwiebel- und Speckwürfel und gibt diese vor dem Einrollen auf die fertigen Schepperlinge. Mit Schmand bestrichen heißen sie im Übrigen Schmandbladdsen.

Zubereitung

Kartoffeln als Pellkartoffeln kochen, pellen und durch eine Kartoffelpresse drücken. Brötchen in Milch einweichen, Kartoffelmasse und Eier zugeben. Mit Salz und Zucker abschmecken. Den Teig portionsweise auf die heiße, gefettete gusseiserne Platte oder in eine Pfanne geben und dünn ausstreichen. Die Schepperlinge mit Butter oder Rübensirup bestreichen und einrollen.

SCHMANDFLADEN
(EIERPFANNKUCHEN)

für 2–3 Eierkuchen

Zutaten

3 Eier
250 g Mehl
125 g Schmand oder Milch
125 ml Wasser
Salz und Zucker nach Geschmack
Fett zum Ausbacken

Zubereitung

Die Eier trennen: Eigelb, Schmand, Wasser und Mehl zu einem glatten Teig verrühren. Den Teig mit Salz und Zucker abschmecken und rund 20 Minuten ruhen lassen. Eiweiß zu Schnee schlagen und unterheben. Dann in einer gefetteten Pfanne portionsweise die Eierkuchen ausbacken, bis sie von beiden Seiten goldbraun sind.

Gut zu wissen!

Auch grüne Eierkuchen sind beliebt. Hierfür einen Bund Schnittlauch, Petersilie oder andere Kräuter fein hacken und dem Eierkuchenteig vor dem Backen zugeben.

TIPP

Mit Zucker bestreuen, mit Kompott oder mit Schmand servieren.

BAUERNFRÜHSTÜCK

für 2 Personen

Zutaten

2 Pellkartoffeln vom Vortag
125 g Schinkenspeck oder Ahle Worscht in Scheiben
1 Zwiebel
4 Eier
3 EL Milch
Salz, Pfeffer, Muskat
Fett für die Pfanne
frisch gehackte Kräuter

Zubereitung

Die Kartoffeln pellen und in dünne Scheiben schneiden. Die Schinkenspeckscheiben nach Gusto klein schneiden oder im Ganzen belassen. Die Zwiebeln schälen, fein würfeln und in etwas Fett glasig werden lassen. Die Kartoffelscheiben hinzugeben und anbraten. Die Eier mit den Gewürzen verquirlen und die Eiermasse ebenso in die Pfanne geben. Die Schinkenscheiben darauflegen und das Ei bei mittlerer bis kleiner Hitze stocken lassen. Mit Kräutern bestreut servieren.

Gut zu wissen!

Für einen Eierwoisches schneidet man 1 Ring Hausmacher Bratwurst in kleine Würfel und brät sie in der Pfanne leicht an. 8 Eier werden mit 4 EL Mehl und 500 ml Milch verrührt. Das Ganze mit etwas Salz abschmecken, über die Bratwurst geben und in der Pfanne stocken lassen.

TIPP

Außer Kartoffeln können auch je nach Saison gedünstete grüne Bohnen oder Tomatenstückchen für das Bauernfrühstück verwendet werden.

AUS EINEM TOPF
HERZHAFTE SUPPEN UND EINTÖPFE

Schdambes und Unnergekochtes

Je nach Jahreszeit erfreuten sich früher verschiedene Eintöpfe großer Beliebtheit. Als Grundlage der Suppen- und Eintopfgerichte diente das Fleisch von Schwein, Rind, Lamm, Schaf oder Wild. In der Fleischbrühe garte man Kartoffeln und Gemüse der Saison frei nach dem Motto „Quer durch den Garten". Im Sommer waren neben frischen Erbsen auch grüne Schnibbelbohnen sehr beliebt. Im Winter kochte man von getrockneten Erbsen oder weißen Bohnen eine Suppe. Ein Zweig frisches oder getrocknetes Bohnenkraut sorgt bei den nordhessischen Bohneneintöpfen für eine feine Note.

Beliebte Wurzelgemüse

Wurzelgemüse wie Sellerie, Möhren und Pastinaken, die im Volksmund auch als „Grizzelmähren" bekannt sind, oder Steckrüben bilden noch heute neben Hülsenfrüchten und Kohlgemüsen eine würzige Basis für viele Wintereintöpfe. Die Steckrübe, die wegen ihres unterirdischen Wuchses auch „Unnerkollrawe" (Unterkohlrabi) oder wegen ihrer gelben Farbe „Gähle Kollrawe" genannt wird, kennt der Nordhesse genau wie Erbsen oder Kartoffeln in mannigfachen Suppenvariationen.

Klare Brühen mit Einlage und Brei-Suppen

Klare Brühen mit gewürfeltem Gemüse bezeichnen die Köche als „Unnergekochtes", also Durcheinandergekochtes. Gestampfte, sämige Suppen oder dickere Eintöpfe heißen „Schdamdes". Auch Breigerichte von Erbsen, Steckrüben, Pastinaken oder Kartoffeln nach dem Vorbild von früher sind heute wieder hoch geschätzt. Die wohl bekannteste Brei-Suppe ist „Leimen un Stroh" (Lehm und Stroh). Wegen ihrer zuweilen lehmartigen, dickflüssigen Konsistenz kam die Kartoffelbrei-Suppe zu ihrem Namen.

Mittag- und Abendsuppen

Als wärmende und sättigende Mittagsmahlzeit sind die nordhessischen Suppen- und Eintopfgerichte bis heute beliebt. Süße Buttermilch- und Milchsuppen mit Obst oder „Reimeln" (Teigstreuseln) wurden früher oft zum Abendbrot gereicht. Sie sind heute seltener auf dem Speiseplan zu finden. Der Nordhesse genießt sie zuweilen noch gerne im Sommer als erfrischende Kaltspeise.

BÄRLAUCHSUPPE

für 4 Personen

Zutaten

1 l Gemüse- oder Fleischbrühe
1 Zwiebel
400 g Kartoffeln
50 g Bärlauch (ein großer Bund)
125 ml Sahne
Salz, Pfeffer
Fett

Zubereitung

Die Zwiebel klein schneiden und in etwas Fett anrösten. Mit der Brühe ablöschen. Die Kartoffeln schälen, in Stückchen schneiden und zugeben. Wenn die Kartoffeln gar sind, den in Streifen geschnittenen Bärlauch zugeben und kurz ziehen lassen. Die Suppe pürieren und mit Sahne, Salz und Pfeffer abschmecken.

Gut zu wissen!

Bärlauch ist das wohl bekannteste Kraut der Frühjahrsküche. Sein Name „allium ursinum“ (Lauch des Bären) entstammt einer Legende. Meister Petz soll sich – frisch aus dem Winterschlaf erwacht – mit diesem Kraut als erstes gestärkt haben.

TIPP

Ab April ist Sammelzeit für den wilden Bärlauch in Laub- und Buchenwäldern. Die Suppe lässt sich aber auch mit Sauerampfer, Lauch oder Kerbel bereiten.

ERBSENSUPPE

für 4 Personen

Zutaten

400 g gepökelter Schweinebauch
750 ml Wasser
1 Bund Suppengemüse
200 g Erbsen (eingeweicht oder frisch)
100 g Speckwürfel
2 Zwiebeln
350 g Kartoffeln oder gelbe Rüben
3 Lorbeerblätter
Salz, Pfeffer
nach Geschmack Majoran, Bohnenkraut und Petersilie

Zubereitung

Den Schweinebauch mit den Lorbeerblättern und dem gewürfelten Suppengemüse kochen. Wenn der Schweinebauch gar ist, Erbsen, Speckwürfel, gewürfelte Zwiebeln und Kartoffeln zugeben und die Suppe eine gute Stunde weiterkochen lassen. Dabei nach Bedarf weiteres Wasser nachgießen. Die Suppe abschmecken, den Schweinebauch entnehmen, klein schneiden und alles als Eintopf servieren.

Gut zu wissen!

In Nordhessen ist auch eine pürierte Erbsensuppe sehr beliebt. Statt der Gemüse- und Fleischeinlage nimmt man 350 g Erbsen, die man in gesalzener Fleisch- oder Gemüsebrühe gar kocht, dann püriert und mit Sahne und Gewürzen abschmeckt.

TIPP

Getrocknete Erbsen weicht man am besten über Nacht ein. Wenn es einmal schnell gehen muss, können auch Tiefkühl- oder Dosenerbsen für den Eintopf verwendet werden. Die Suppe lässt sich auch als Weiße Bohnen- oder Linsensuppe abwandeln. Wer sie ohne Schweinebauch-Einlage kocht, kann sie mit Kochwurst verfeinern.

SAURES BOHNENGEMÜSE

für 4 Personen

Zutaten

500 g sauer eingelegte oder frische Bohnen und etwas Essig
1 kg Kartoffeln
125 g magere Speckwürfel
1 Zwiebel auf Würfel
Salz, Pfeffer
Bohnenkraut, Petersilie
Fett

Gut zu wissen!

Durch das Einstampfen mit Salz kommt eine Milchsäuregärung in Gang, die die sauren Bohnen – genau wie das Sauerkraut – lange haltbar macht.

Zubereitung

Die sauren Bohnen etwas wässern und in Wasser gar kochen – abschütten. Die Kartoffeln schälen, in Stücke schneiden, garen und mit den Bohnen vermengen. Speck- und Zwiebelwürfel in Fett anbraten und ebenfalls unter das Gemüse geben.

BUTTERMILCHSUPPE MIT OBST

für 4 Personen

Zutaten

500 ml zimmerwarme Buttermilch
500 ml Milch
80 g Puddingpulver Vanille oder Speisestärke
Zucker nach Geschmack
Dörrobst oder eingemachtes Obst als Einlage

Zubereitung

Milch mit der angerührten Speisestärke zum Kochen bringen, bis die Flüssigkeit anzieht. Dann die Suppe vom Herd nehmen und die Buttermilch einrühren. Obst nach Geschmack in die Suppe geben und die Suppe warm oder kalt servieren.

Gut zu wissen!

Getrocknete Apfelringe, Zwetschen (Backpflaumen) und Birnenhälften (Kletzen) waren in früheren Zeiten eine willkommene Suppeneinlage. Sogar Linsensuppe wurde mit getrockneten Zwetschen verfeinert. Süße Suppen, unter anderem die Reimelsuppe – eine Milchsuppe mit Teigstreuseln – waren früher eine beliebte Abendmahlzeit.

TIPP

Zu der Suppe reicht man gerne Waffeln. Ein Rezept für Schmandwaffeln finden Sie im Dessert-Kapitel auf S. 89.

LUMPEN UN FLÖH
(WEISSKRAUTEINTOPF)

für 4 Personen

Zutaten

1 kg Weißkohl
500 g Schweine- oder Hammelfleisch
500 ml Wasser
Salz, Pfeffer, Kümmel
gehackte Petersilie

Zubereitung

Wasser mit Salz in einem Topf zum Kochen bringen. Fleisch in Stücke schneiden, Weißkohl putzen und in Streifen schneiden. Beides in den Topf geben. Mit Kümmel und Pfeffer würzen und gar kochen lassen. Mit gehackter Petersilie überstreut servieren.

Gut zu wissen!

Der Name des Eintopfs wurde inspiriert durch die Lumpensammler, die früher von Haus zu Haus zogen. Die Suppeneinlage erinnert an Stofffetzen und der Kümmel an Flöhe, die darin hüpfen.

TIPP

Ein Klecks Schmand und etwas Brot passen hervorragend zum Eintopf.

LEIMEN UN STROH
(STROHLEHMSUPPE)

für 4 Personen

Zutaten

500 g Sauerkraut
500 g Kartoffeln
2 Zwiebeln
100 g Schinkenspeck
750 ml Fleischbrühe
Pfeffer, Salz

Zubereitung

Fein gehackte Zwiebeln und gewürfelten Schinkenspeck in einem Topf auslassen. Mit der Brühe auffüllen und die geschälten und gewürfelten Kartoffeln zugeben. Wenn die Kartoffeln gar sind, das Sauerkraut unterheben und den Eintopf noch eine Weile köcheln lassen.

Gut zu wissen!

Die „Schdrohleimensobbe" erinnerte früher, als sie noch mit einem Kartoffelbrei gekocht wurde, an das Füllmaterial der traditionellen Fachwerkhäuser – nämlich Stroh (die Späne des Sauerkrauts) und Lehm (die Kartoffelmasse). Eine andere sehr einfache und schmackhafte Suppe ist „Schnitz und Schnitz": Kartoffel- und getrocknete Birnenschnitze (Hutzeln) werden dazu mit Speckwürfeln und Brühe gekocht.

TIPP

Dazu passt ein deftiges Brot, belegt mit Ahler Worscht.

FLEISCHTOPF MIT GRÜNEN BOHNEN

für 4 Personen

Zutaten

1 kg grüne Bohnen
500 g Lammfleisch oder Rind vom Nacken
500 g Kartoffeln
1 Zweig Bohnenkraut
750 ml Wasser
Salz, Pfeffer

Gut zu wissen!

Wer Bohnenkraut selber trocknen möchte, bindet die Stängel zu einem Strauß und hängt diesen an einem dunklen, trockenen Ort auf. Die getrockneten Blätter streift man dann von den Stängeln ab und bewahrt sie in einem Schraubglas auf.

Zubereitung

Die Bohnen putzen und abfädeln. Auf Stücke schneiden oder brechen. Das Fleisch und die Zwiebeln auf Stücke schneiden. Das Wasser mit Salz aufsetzen und Fleisch und Zwiebeln zugeben. Nach einer guten halben Stunde die Bohnen und das Bohnenkraut zugeben. Nach weiteren zwanzig Minuten die geschälten und gewürfelten Kartoffeln in den Eintopf geben. Den Eintopf nun solange kochen, bis die Kartoffeln gar sind.

GRÜNE ERBSENSUPPE
MIT EIERSCHWÄMMCHEN

für 4 Personen

Zutaten

500 g frische grüne Erbsen
2 l Gemüse- oder Fleischbrühe
Salz, eine Prise Zucker
Gehackte Petersilie
Für die Eierschwämmchen
4 Eier
Mehl
Salz, Pfeffer, Muskat
frische Kräuter

Gut zu wissen!

Die Eierschwämmchen werden auch Klümpchen, Glumben, Klätscherchen oder Driwwelerchen genannt. Für die „Driwwelerchen" wird ein Teig aus Eiern und Mehl mit den Händen in die Brühe gerieben („driwweln"), für die „Klimberchen" wird der etwas festere Teig mit einem Löffel als Klößchen abgestochen. Die Suppe ist mancherorts auch als „Klätscherchenssuppe" bekannt.

TIPP

Mit weniger Einlage stellt die Suppe auch eine schöne Vorspeise dar.

Zubereitung

Die Erbsen in der Brühe gar kochen. Mit Salz und Zucker abschmecken. Eier mit Gewürzen verschlagen und so viel Mehl unterrühren, bis eine dickflüssige Masse entsteht. Den Teig gut 20 Minuten quellen lassen. Mit einem Löffel kleine Klößchen abstechen und in die simmernde Suppe gleiten lassen. Die Klößchen noch eine Weile gar ziehen lassen. Die Suppe mit gehackten Kräutern bestreut servieren.

KARTOFFELSUPPE

für 4 Personen

Zutaten

750 g Kartoffeln
1 Bund Suppengemüse
1 Zwiebel
1 l Wasser
Schinkenspeck oder
Dörrfleisch gewürfelt
Salz, Pfeffer
Fett
Sahne oder Schmand nach
Geschmack
gehackte Petersilie oder
Schnittlauch

Zubereitung

Die Kartoffeln, die Zwiebel und das Suppengemüse putzen, schälen und in Würfel schneiden. Die Zwiebelwürfel mit den Fleischwürfeln in einem großen Topf mit etwas Fett auslassen und mit dem Wasser ablöschen. Das Wasser zum Kochen bringen und die Kartoffel- und Gemüsewürfel zugeben. Die Gemüse solange kochen, bis es zerfällt und die Suppe leicht sämig ist. Nach Geschmack die Suppe zusätzlich mit einem Stampfer bearbeiten oder pürieren. Mit Sahne oder Schmand abschmecken. Mit Petersilie oder Schnittlauch bestreut servieren.

Gut zu wissen!

In Nordhessen gibt es zahlreiche Rezepte für Kartoffelsuppe. Mancherorts gibt man auch etwas Sauerkraut mit in die Kartoffelsuppe. Auch Kombinationen mit gelben Rüben, Pastinaken, Möhren sind bekannt. Eine einfache und sehr alte Variante der Kartoffelsuppe ist die Schröggelsuppe. Hierfür röstet man Mehl an, löscht es mit Fleischbrühe ab, gibt rohe Kartoffelwürfel, Salz und klein geschnittene Mettwurst oder Ahle Worscht dazu.

TIPP

Ein Stück Koch- oder Kartoffelwurst passt als Einlage gut zur Suppe.

QUER-DURCH-DEN-GARTEN-SUPPE

für 4 Personen

Zutaten

1 Beinscheibe vom Rind und nach Geschmack auch einige Suppenknochen
1 Stange Lauch
400 g Möhren
200 g Zwiebeln
200 g Tomaten (enthäutet)
etwas Kohlrabi, Blumenkohl oder andere Saisongemüse
nach Belieben 80 g durchwachsener Speck
Salz, Pfeffer
Petersilie

Zubereitung

Das Fleisch und die Knochen mit 2 Litern Wasser und Salz aufsetzen und kochen lassen. In der Zwischenzeit die Gemüse putzen und würfeln. Den Speck auslassen und die Gemüse darin kurz anschwitzen. Die angeschwitzten Stückchen nach einer guten Stunde der Fleischbrühe zugeben. Die Gemüse in der Suppe gar kochen, das Fleisch kurz entnehmen und in kleine Würfel schneiden. Die Suppe mit Salz und Pfeffer abschmecken. Mit Petersilie bestreut servieren.

Gut zu wissen!

Die Quer-durch-den-Garten-Suppe war besonders in der Sommersaison sehr beliebt, denn man konnte von allem, was der Garten bot, etwas mit in die Suppe geben.

TIPP

Dazu schmeckt auch ein Klecks Sauerrahm oder Schmand. Wer die Suppe als vollständige Mahlzeit genießen möchte, kann Kartoffeln oder Nudeln (letztere kurz vor Garzeitende) zugeben.

STECKRÜBENSUPPE MIT BAUCHLAPPEN

für 4 Personen

Zutaten

1,5 l Wasser
400 g Schweinebauch
1 Steckrübe
500 g Weißkohl
500 g Kartoffeln
1 Lauchstange
100 g Speckwürfel
1 Zwiebel
Salz, Pfeffer
nach Geschmack Bohnenkraut und Petersilie

Zubereitung

Die Speckwürfel mit den gewürfelten Zwiebeln in einem großen Topf auslassen. Den Schweinebauch zugeben und von allen Seiten anbraten. Mit dem Wasser ablöschen und die Suppe zum Kochen bringen. In der Zwischenzeit die Gemüse putzen und würfeln. Diese der Suppe zugeben und würzen. Die Suppe eine gute Stunde köcheln lassen. Den Schweinebauch entnehmen, in Würfel schneiden und die Suppe eine weitere halbe Stunde bei kleiner Flamme kochen. Dabei etwas Bohnenkraut mit in der Suppe ziehen lassen. Mit Petersilie bestreut servieren.

Gut zu wissen!

Mancherorts lässt man die Suppe solange kochen, bis sie fast sämig ist oder püriert sie ohne das Fleisch.

TIPP

Der Eintopf bekommt einen richtig deftigen Geschmack, wenn man ihn mit etwas Schmalz verfeinert.

GRAUPENSUPPE

für 4 Personen

Zutaten

500 g Suppenfleisch vom Rind
200 g Graupen
1 Bund Suppengrün
400 g Kartoffeln
Salz, Pfeffer
gehackte Petersilie

Zubereitung

Fleisch mit 2 Litern Wasser aufsetzen und Graupen zugeben. Die Suppe zum Kochen bringen. In der Zwischenzeit Gemüse und Kartoffeln schälen und würfeln, dem Eintopf zugeben und das Ganze gut 2 Stunden köcheln lassen. Das Fleisch entnehmen, in Scheiben oder kleine Würfel schneiden. Mit Petersilie bestreut servieren.

Gut zu wissen!

Graupen sind polierte Gersten- oder Weizenkörner. Früher nannte man sie auch „Källwerzähne", denn die kleinen weißen Körner erinnern an die Zähne eines Kalbs. Die größeren Gerstengraupen nannte man indes „Spatzenköpfe".

TIPP

Die Suppe lässt sich prima für mehrere Tage vorbereiten und portionsweise aufwärmen.

FLEISCH- UND FISCHGERICHTE
VON WEIDEN, AUS WÄLDERN UND VON DER SEE

Gutes aus der Worschtekammer

Im Spätherbst begann früher die Schlachtzeit. Hausmetzger kamen auf die Höfe und kochten am Schlachttag das Schweinefleisch für Sülzen, Blut- und Leberwürste in einem großen Kessel, dem Worschtekessel. Es war Brauch, von jedem Stück aus dem Kessel etwas zu probieren. Schnauze, Ohren, Schwänzchen und Füße vom Schwein reichte man als „Schlachtplatte des kleinen Mannes" mit Sauerkraut, Erbsenpüree und einem Klaren.

Gnubberfleisch, Worschtsobbe und Weggewerg

Über die gekochten „Sulperknochen", auch „Gnubberfleisch" (von gnubbern = knuspern, nagen) genannt, hinaus servierte man abends zum Schlachtfest eine „Worschtsobbe", die aus Wurstbrühe und Schlachtresten bestand. Auch das Weckewerk war ursprünglich ein Reste-Eintopf der Hausschlachtung. Schwarten, Innereien und Hackfleisch werden mit Brühe aus dem Wurstkessel und Weißbrot-Einlage („Weck") gemischt.

Ahle Worscht – haltbare Spezialität mit Geschichte

Aus der Notwendigkeit heraus, das Fleisch vom Schlachttag lange haltbar zu machen – entwickelte sich die Tradition der Ahlen Worscht. Das Fleisch für die grob gekörnte, schnittfeste Schweinerohwurst wird noch warm gewolft und in Därme gefüllt. Bei sinkender Luftfeuchte trocknet die Wurst in einer Worschtekammer (Wurstkammer) über sechs Wochen und länger. Je nach Würzung, Form und Reifedauer unterscheidet man die Stracke, die Runde, die Herkuleskeule oder die Blummenhudd, die in Beutelform abgenähter Flomenhaut reift. Auch als „Stracke in der Schlacke" (im Enddarm des Schweins gereift) ist die „Ahle", die man nur noch bei einigen traditionell arbeitenden Metzgerbetrieben kaufen kann (www.norhessische-ahle-wurscht.de) beliebt. Im Waldecker Land kennt man die „Habbermegger", eine haltbare Mettwurst, die auf westfälische Art hergestellt wird und mit weißen Senfkörnern gewürzt ist. Ihr Name erinnert an die Hafermäher von früher, die sich während der Ernte mit dieser Wurst stärkten.

Kaduffelworscht und Worzzelworscht

Ferner liebt der Nordhesse auch seine Kaduffelworscht und Worzzelworscht. Für die Worscht mengt man gekochte Kartoffeln oder Möhren in das gehackte und gewürzte Fleisch. Die beiden Kochmettwürste bestechen durch ihre geschmeidige Konsistenz und ihr feines Aroma. Genau wie die Kochworscht nutzt man sie als Eintopfeinlage.

Wild und Kaninchen für gehobene Gaumen

Im waldreichen Waldecker Land schätzt man außer Schwein, Rind, Lamm- und Schaffleisch noch heute Wild. Vor allem Reh und Wildschwein sind als Braten und Gulasch beliebt.

WECKEWERK

für 4 Personen

Zutaten

250 g Schweinefleisch von Kopf, Schulter und Kamm
250 g magerer Schweinebauch
200 g Schwarten
2 eingeweichte, altbackene Brötchen
1 Zwiebel
1 Knoblauchzehe
Salz, Pfeffer, Nelkenpulver, Muskat, Majoran, nach Geschmack Kümmel

Zubereitung

Das Fleisch und die Schwarten in Salzwasser garen. Das gekochte Fleisch und den rohen Schweinebauch durch einen Fleischwolf drehen und mit fein gehackter Zwiebel und zerdrückter Knoblauchzehe vermengen. Die eingeweichten Brötchen ausdrücken und unterarbeiten. Mit den Gewürzen abschmecken. Die Masse in der Pfanne kross braten und servieren.

Gut zu wissen!

Wer es sich leicht machen möchte, kann auch fertiges Weckewerk beim Metzger kaufen oder das Weckewerk nur mit Gehacktem zubereiten. Lecker sind auch „Weggewerksgaduffeln“. Dazu kocht man große Kartoffeln als Pellkartoffeln, halbiert diese und höhlt die Mitte teilweise aus. Die entnommene Masse gibt man unter das Weckewerk und füllt das Ganze wieder in die Kartoffeln.

TIPP

Dazu reicht man Pell- oder Bratkartoffeln und saure Gurken oder einen grünen Salat.

BAUERNSÜLZE

für 4 Personen

Zutaten

1 fein gewürfelte Zwiebel
1 zerdrückte Knoblauchzehe
1 Bund klein geschnittenes Suppengemüse
1 kg gepökelter roher Schinken
15 Blatt Gelatine
1 l Fleischbrühe
4 Lorbeerblätter
6 Wacholderbeeren
4 EL Weißweinessig
4 EL Zucker
nach Belieben 150 g gewürfelte Gewürzgurken
Salz, Pfeffer

Zubereitung

Das Fleisch mit dem klein geschnittenen Suppengemüse, den Gewürzen und der Fleischbrühe aufsetzen und bei kleiner Hitze etwa drei Stunden köcheln lassen. Das Fleisch abschöpfen und die Brühe durchsieben. Fleisch und Brühe am besten über Nacht kalt stellen.

Die Brühe entfetten und erwärmen. Mit Weinessig, Zucker, Salz und Pfeffer abschmecken. Die Gelatine nach Herstellerangabe auflösen und in die Sülzbrühe einrühren. Das Fleisch in feine Würfel schneiden und mit den Gewürzgurken in eine kalt ausgespülte Form geben. Mit der Sülzbrühe übergießen und mehrere Stunden im Kühlschrank stocken lassen. Die Sülze kurz in warmes Wasser stellen, sodass sie sich aus der Form löst, stürzen und in Scheiben schneiden.

Gut zu wissen!

Als es noch Hausschlachtungen gab, kamen auch zerkleinerte Schweinefüße, Schweinskopffleisch samt Backen sowie Zunge mit in die hausgemachte „Nabsilze" (Napfsülze). Die Zungenhaut zog man nach dem Brühen mit einem Messer ab. Gelatine wurde nicht benötigt, da die Schweinefüße sehr viel Gallerte enthalten.

TIPP

Mit Schwarzbrot und Butter oder knusprigen Bratkartoffeln und Schmand-Dip servieren.

REHKEULE

für 4 Personen

Zutaten

1 Rehkeule ohne Knochen
4 EL Butterschmalz
4 Zwiebeln, geschält und auf Würfel geschnitten
½ l Fleischbrühe, ggf. etwas mehr zum Begießen
4 Wacholderbeeren (zerstoßen)
1 Zweig Thymian
1 Lorbeerblatt
Salz, Pfeffer
125 g Schmand
1 TL Stärkemehl
400 ml Rotwein
Honig oder Preiselbeerkompott

Zubereitung

Das Fleisch, wenn nötig, enthäuten und über Nacht in Buttermilch einlegen. Am nächsten Tag das Fleisch trocken tupfen. Butterschmalz in einem Bräter erhitzen. Zwiebelwürfel zugeben und glasig dünsten. Die Rehkeule zugeben und von allen Seiten anbraten. Mit der Brühe angießen, die Gewürze zugeben und im geschlossenen Bräter im vorgeheizten Backofen bei 180° C Ober-/Unterhitze bis zu zweieinhalb Stunden schmoren lassen. Während der Garzeit mehrfach mit weiterer Brühe oder Wasser begießen. Rehkeule, Thymianzweig und Lorbeerblatt entnehmen. Das Fleisch warm stellen. Den Bratensud etwas entfetten und die darin geschmorten Zwiebeln pürieren. Das Stärkemehl in Wein anrühren und den Garsud damit kurz aufkochen lassen. Die Sauce mit Schmand, Salz, Pfeffer, etwas Honig oder Preiselbeerkompott abschmecken. Die Rehkeule in Scheiben schneiden und in die Sauce legen.

Gut zu wissen!

Nach diesem Rezept lässt sich auch Wildgulasch bereiten. Sehr bekannt ist der Dippehas: Hasen- und Schweinefleisch werden gewürfelt und mit Rotwein, Hasenblut, Essig, Lorbeer, Nelken, Johannisbeergelee und Schwarzbrot oder Pfefferkuchen abgeschmeckt.

GÄNSEBRATEN

für 4 Personen

Zutaten

1 Gans (4-5 kg, küchenfertig)
500 g geviertelte Äpfel
(ohne Kerngehäuse)
500 g geviertelte Zwiebeln
Salz, Pfeffer, 2 Stängel Beifuß,
Honig
nach Geschmack auch einige
Lorbeerblätter, Wacholder, Nelke
und Zimt
Wasser oder Brühe und Rotwein
Nadel und Küchengarn
Stärkemehl

Zubereitung

Gans waschen, Flomen entfernen, abtrocknen und von innen salzen. Mit den Apfel- und Zwiebelstücken füllen, einen Stängel Beifuß und die anderen Gewürze nach Belieben mit in die Gans geben und diese mit Nadel und Küchengarn verschließen.
Die Gans mit der Brust nach unten in eine Fettpfanne auf die untere Einschubleiste des Backofens geben. Das Fleisch mit gesalzenem Wasser oder Brühe angießen, sodass es mehrere Zentimeter hoch mit Flüssigkeit bedeckt ist – im vorgeheizten Ofen bei 180° C Ober-/Unterhitze eine Stunde lang braten. Die Gans wenden und mit einem Holzstab an den Seiten und unterhalb der Keulen die Haut einstechen, sodass das Fett austreten kann. Den fettreichen Bratensud – falls erforderlich – abschöpfen und vorsichtig noch etwas Wasser zugeben. Den Braten in regelmäßigen Abständen mit dem Sud bestreichen und nach Bedarf Wasser oder Brühe angießen. Nach weiteren zwei Stunden Garzeit das Fleisch abermals bestreichen und gut 20 Minuten bei 200° C bräunen lassen. Die Gans die letzten drei bis fünf Minuten durch Einschalten der Oberhitze oder Grillfunktion knusprig braten und bis zum Servieren noch etwas in der Nachwärme ruhen lassen.
Den Bratensud abschöpfen, entfetten und mit Rotwein und Beifuß aufkochen lassen. Den Beifuß-Stängel entfernen und die Sauce mit Salz, Pfeffer und Honig abschmecken und mit etwas Stärkemehl binden. Die Gans tranchieren und mit der Sauce anrichten.

KANINCHENKEULEN

für 4 Personen

Zutaten

4 Kaninchenkeulen oder ein ganzes Kaninchen (küchenfertig ausgenommen)
1 Bund Suppengemüse
2 Zwiebeln
1 Rosmarinzweig
500 ml leicht gesalzenes Wasser
250 ml Rotwein, Bier oder Wasser, ggf. etwas mehr
1 EL Butterschmalz
Salz, Pfeffer
Stärkemehl
Schmand

Gut zu wissen!

Kaninchen hat ein zartes weißes Fleisch, das an Huhn erinnert. Gerne wurde es daher neben Rouladen auch an Feiertagen oder auf Hochzeiten serviert. Ein bekanntes Gericht ist auch der etwas aufwändige „Has‘ mit Hebes“: Ein Hase wird mit einer Masse aus gewolften Haseneingeweiden, Speck, Zwiebeln und Brötchen gefüllt und im Backofen gegart. Dazu serviert man Kartoffelklöße („Hebes“) und Rotkohl.

TIPP

Wer mag kann das Fleisch auch mit Speckstreifen umwickeln. So bleibt es saftiger und bekommt eine extra Würze.

Zubereitung

Suppengemüse putzen, waschen und würfeln. Zwiebel schälen und ebenso würfeln. In einem Bräter das Gemüse in Butterschmalz anschwitzen und die gewürzten Kaninchenkeulen oder Braten dazugeben. Alles leicht anrösten lassen und dann mit Wasser und Rotwein oder Bier ablöschen. Rosmarinzweig zugeben und die Keulen im geschlossenen Bräter eine gute halbe Stunde schmoren lassen. Nach Bedarf noch etwas Flüssigkeit zugießen. Nach der Garzeit das Fleisch aus dem Bratsud nehmen und warm stellen. Den Sud durchsieben und mit etwas kalt angerührter Stärke binden. Mit Salz und Pfeffer, nach Belieben auch mit etwas Schmand abschmecken. Die Keulen im Ganzen in die Sauce legen, den Braten als Scheiben und servieren.

HIMMEL UND ERDE MIT BLUTWURST

für 4 Personen

Zutaten

1 kg Kartoffeln
1 kg säuerliche Äpfel
Salz, Pfeffer, Zucker
1 Stück Butter
¼ l Milch
2 Zwiebeln, nach Belieben
ein Apfel auf Scheiben
1–2 cm dicke Blutwurstscheiben, alternativ Ahle Worscht oder Leberwurst
Butter zum Braten

Zubereitung

Kartoffeln schälen und in Salzwasser (1 Liter Wasser mit 1 TL Salz) gar kochen. Äpfel schälen, entkernen und auf Viertel schneiden. In etwas Wasser gar dünsten. Mit Zucker abschmecken. Die Kartoffeln abgießen und mit dem Kartoffelstampfer zerkleinern. Ein Stück Butter und lauwarme Milch nach und nach unterarbeiten. Mit Salz, Pfeffer und Muskat abschmecken. Das Apfelkompott unter das Kartoffelpüree heben und warm stellen.
In der Zwischenzeit Zwiebelringe und nach Belieben auch Apfelscheiben in etwas Butter goldbraun braten. Wer die Zwiebelringe sehr knusprig mag, kann sie vor dem Braten in etwas Mehl wenden. Die Zwiebelringe und Apfelscheiben ebenso warm stellen.
Die Blutwurst-Scheiben in etwas Mehl wenden und in Butterschmalz bei hoher Temperatur kurz knusprig braten. Zusammen mit „Himmel und Erde“ servieren.

Gut zu wissen!

Das Gericht heißt „Himmel und Erde“, da Äpfel hoch am Baum – „im Himmel“ – wachsen und Kartoffeln in der Erde.

TIPP

Blutwurst zerfällt gerne schnell beim Braten in der Pfanne. Es empfiehlt sich daher, die Stücke etwas dicker zu schneiden und in etwas Mehl zu wenden.

HACKBÄLLCHEN MIT STORZENIEREN

für 4 Personen

Zutaten

1 kg geschälte Schwarzwurzeln (frisch oder eingemacht)
600 g Schweinehackfleisch oder halb und halb
Schinkenspeck und frische Pilze (Champignons oder Pfifferlinge) nach Geschmack
1 altbackenes Brötchen
2 Eier
1 Zwiebel
0,5 l Brühe oder Salzwasser
Salz, Pfeffer, Muskat
Paniermehl oder etwas Mehl
Milch oder Sahne
Fett zum Anbraten
Petersilie

Zubereitung

Das Brötchen klein schneiden und in warmem Wasser einweichen. Die Zwiebel schälen und fein würfeln. Das Hackfleisch mit Salz, Pfeffer und Muskat würzen, das ausgedrückte Brötchen, die Zwiebelwürfel und das Ei zugeben. Alles zu einem homogenen Teig vermengen und kleine Bällchen formen. Die Bällchen in etwas Fett anbraten. Das Gemüse putzen, mit der Brühe aufsetzen und zum Kochen bringen. Dann die Bällchen zugeben und mit dem Gemüse fertig garen lassen. Die Brühe mit Paniermehl oder angerührtem Mehl binden. Mit Milch oder Sahne abschmecken und mit gehackter Petersilie überstreut servieren.

Gut zu wissen!

Storzenieren oder Schdorzenieren nannte man früher auch „Spargel des kleinen Mannes“ oder Winterspargel. Schwarzwurzeln haben von Oktober bis April Saison. Beim Schälen des Gemüses empfiehlt es sich, Handschuhe zu tragen. Denn der milchige Pflanzensaft färbt die Hände schwarz.

TIPP

Dazu passen Salzkartoffeln. In der Spargelsaison kann man das Gericht auch mit Spargel bereiten.

GULASCH HALB UND HALB

für 4 Personen

Zutaten

500 g Rindergulasch
500 g Schweinegulasch
1 kg Zwiebeln
250 ml Wasser
2 TL Paprikapulver edelsüß
1 Lorbeerblatt
Salz, Pfeffer, Zucker
Tomatenmark
Speisestärke
Fett zum Anbraten

Zubereitung

Das Gulasch mit den gewürfelten Zwiebeln und den Speckwürfeln in etwas Fett anbraten. Mit dem Wasser ablöschen. Pilze, Paprikapulver, Lorbeerblatt, Salz und Pfeffer zugeben. Das Gulasch etwa 2 Stunden mit geschlossenem Deckel köcheln lassen. Mit etwas in Wasser angerührter Speisestärke und Tomatenmark binden.

Gut zu wissen!

Für das Schwälmer Festtagsgulasch gibt man zusätzlich 250 g Schweinegehacktes, 125 g gewürfelte Kochwurst, saure Gurken, Tomaten und Paprika sowie 250 ml Tomatensoße und etwas Currypulver zum Fleisch.

TIPP
Dazu passen selbstgemachte Klöße, Nudeln oder Salzkartoffeln.

GEFLÜGELRAGOUT

für 4 Personen

Zutaten

1 kg Fleisch (1–2 Keulen und/ oder Brust) von Huhn oder Pute
1 Bund Suppengemüse
2 Zwiebeln
1,5 l Wasser
1 TL Salz
4 Lorbeerblätter
2 Wacholderbeeren, 4 Nelken

Für die Sauce
60 g Butter
Speisestärke
250 ml Sahne
400 ml Geflügelbrühe
250 ml Weißwein oder weitere Brühe
Salz, Pfeffer, Muskat
Petersilie oder Schnittlauch
gedünstete Erbsen, Möhrenstücke, Spargelabschnitte oder Champignonscheiben nach Geschmack

Gut zu wissen!

Übrig gebliebene Brühe kann man prima einfrieren und als Basis für schmackhafte Suppen und Eintöpfe verwenden.

Zubereitung

Die Zwiebeln und das Suppengemüse schälen, putzen und in Würfel schneiden. Kurz anrösten und mit 1,5 Liter kaltem Wasser auffüllen. Salz, Gewürze und Geflügelteile zugeben. Das Ganze gut anderthalb Stunden bei mittlerer Hitze kochen lassen. Die Geflügelteile entnehmen, vom Knochen lösen und die Brühe durchsieben. Die Brühe abmessen und aus Butter, Mehl und Brühe eine Mehlschwitze bereiten. Diese kurz aufkochen lassen, mit Wein und Sahne verfeinern. Das Gemüse und das zerkleinerte Geflügel zugeben. Gehackte Petersilie oder Schnittlauch überstreuen. Mit Salzkartoffeln oder Reis und grünem Salat servieren.

HESSISCHER SAUERBRATEN

für 4 Personen

Zutaten

1,2 kg Rindfleisch ohne Knochen aus der Keule, Schulter oder Hüfte

Für die Marinade
750 ml Rotweinessig
750 ml Wasser
2 Zwiebeln auf Ringe geschnitten
Salz, 6 Nelken, 6 Lorbeerblätter

Für den Braten mit Sauce
2 EL Schmalz
2 Möhren
1 Lauchstange
etwas Speisestärke
Essig zum Abschmecken
Salz, Pfeffer und Zucker

Zubereitung

Zwei bis drei Tage im Voraus die Zutaten für die Marinade aufkochen und abkühlen lassen. Das Fleisch waschen und mit dem Sud vollständig bedeckt in einem geschlossenen Behälter durchziehen lassen. Das Fleisch täglich wenden und vor der weiteren Zubereitung aus dem Sud herausnehmen und abtrocknen.

Fett in einem ausreichend großen Bräter erhitzen und das Fleisch von allen Seiten darin anbraten. Etwas von dem Essig-Sud mit den Zwiebeln sowie klein geschnittene Lauchstangen- und Möhrenstücke zugeben und das Bratenstück rund anderthalb Stunden schmoren lassen. Den Braten während der Garzeit mehrfach wenden und nach Bedarf noch etwas Sud zugeben. Das fertig geschmorte Fleisch aus dem Bratensaft herausnehmen und erkalten lassen, in Stücke schneiden. Den Bratenfond durchsieben und die Sauce mit etwas Speisestärke binden, mit Essig, Salz, Pfeffer und Zucker abschmecken. Das Bratenstück in Scheiben schneiden und in der Sauce erhitzen.

TIPP

Mit Rotkohl und Kartoffelklößen reichen.

TAFELSPITZ MIT MEERRETTICHSAUCE

für 4 Personen

Zutaten

1 kg Tafelspitz
1 Bund Suppengemüse
2 l gesalzenes Wasser
Für die Meerrettichsauce
40 g frisch geriebener Meerrettich, alternativ Meerrettich-Creme aus dem Glas
Milch oder Sahne
Mehl
Salz, Pfeffer, Zucker
Petersilie

Zubereitung

Das Fleisch mit der Brühe, dem gesalzenen Wasser und dem klein geschnittenen Gemüse mindestens zwei Stunden simmern lassen. Das Fleisch entnehmen, die Brühe durch ein Sieb gießen und auffangen. Die Hälfte der Brühe für die Soße verwenden. Die andere Hälfte wieder in den Topf geben und das Fleisch darin warm halten. Die Milch mit dem Mehl verrühren und mit der abgenommenen Brühe aufkochen lassen. Den Meerrettich zugeben und die Soße dann nicht mehr kochen lassen. Mit Salz, Pfeffer und Zucker abschmecken. Das Fleisch in Scheiben schneiden und zusammen mit der Soße und Salzkartoffeln servieren. Gehackte Petersilie aufstreuen.

SCHMANDHERING

für 4 Personen

Zutaten

8 Salzherings- oder Matjesfilets (küchenfertig)
500 g Schmand
250 ml Sahne
2 Zwiebeln
2 Äpfel
2 saure Gurken
Essig
Senf
Salz, Pfeffer, Zucker
1 kg Kartoffeln

Zubereitung

Die Heringsfilets über Nacht wässern. Zwiebeln und Äpfel schälen. Die Zwiebeln in Ringe, die Äpfel und die Gurken in Würfel schneiden. Heringe in mundgerechte Stücke schneiden und abwechselnd mit Zwiebeln, Äpfeln und Gurken in eine Schüssel schichten. Aus den übrigen Zutaten eine Marinade rühren und über die Heringe geben. Die Kartoffeln waschen und bürsten, als Pellkartoffeln garen und zum Hering reichen.

RINDERROULADEN

für 4 Personen

Zutaten

4 Rouladen-Scheiben aus der Oberschale
für die Füllung:
1 klein gehackte Zwiebel
4 kleine saure Gurken
200 g Hackfleisch halb und halb
Salz, Pfeffer, Muskat

oder
1 EL Senf
1 Zwiebel
2–4 Scheiben Schinken
4 kleine saure Gurken in Würfel geschnitten
Mehl
Fett
Fleischnadeln oder Küchengarn zum Fixieren der Rouladen
warmes Wasser und Rotwein zum Angießen

Zum Verfeinern der Sauce
Stärkemehl, Rotwein und Sahne
Salz, Pfeffer und Zucker

Zubereitung

Das Fleisch trocken tupfen und mit Salz und Pfeffer würzen.
Für die Hackfleischfüllung das Hack mit den Zwiebeln mischen und würzen. Das Hackfleisch in vier Portionen aufteilen und auf die Rouladen aufstreichen. Je eine Gurke pro Roulade auflegen. Die Rouladen am breiten Ende beginnend aufrollen. Mit Fleischspießen oder Küchengarn fixieren.
Für die andere Variante die Fleischscheiben mit dem Senf bestreichen und die Schinkenscheiben auflegen. Mit Zwiebeln- und Gurkenwürfeln belegen und aufrollen. Mit Fleischspießen oder Küchengarn fixieren.
Die Rouladen in Mehl wenden und in einer hohen Pfanne oder einem Bräter in heißem Fett ringsum anbraten. Dann mit etwas Wasser und Rotwein angießen, sodass die Rouladen zu einem guten Drittel mit Flüssigkeit bedeckt sind. Das Fleisch im geschlossenen Gefäß etwa 75 bis 90 Minuten schmoren lassen. Die Rouladen entnehmen und warm stellen. In der Zwischenzeit die Sauce mit etwas angerührter Stärke binden und mit Salz, Pfeffer und Zucker abschmecken. Nach Geschmack noch etwas Rotwein oder Sahne zugeben und kurz aufkochen lassen. Die Nadeln aus den Rouladen nehmen und mit der Sauce servieren.

TIPP
Dazu passen Salzkartoffeln und Apfel-Rotkohl.

KARTOFFEL- UND GEMÜSEGERICHTE

TOLLE KNOLLEN UND MEHR

Gaduffeln, Dämmbekrudd und Wersching

Im 19. Jahrhundert revolutionierte die Kartoffel („Gaduffel") den Speiseplan der Nordhessen. Denn die Kartoffel ist ein im Anbau genügsames Gemüse, das ordentlich sättigt und sich gut lagern lässt. Das ganze Jahr hindurch dient sie bis heute als Zutat für Speisen und wurde früher auch als Quell- und Streckmittel für Brot, Wurst und Kaffee genutzt. Gerieben, gestampft, gekocht, gebraten, gebacken oder zum Kloß gerollt – in mannigfachen Varianten ist der Erdapfel in der nordhessischen Küche zu finden.

Kartoffel- und Mehlklöße mit Tradition

Diebchen (gefüllte Klöße), Spitzbuwe (eine Art Schupfnudel) oder Resederkleese (gebratene Reste-Klöße) haben in der nordhessischen Küche eine lange Tradition. Sie werden meist je zur Hälfte aus rohen und aus gekochten Kartoffeln bereitet. Ob mit Ahler Worscht, Hackfleisch oder Dörrobst – die Klöße konnte man mit allerlei Zutaten füllen, geschickt Reste verwerten und so den Speiseplan immer wieder abwechslungsreich gestalten. Während Kartoffelklöße mit Specksoße oder Beulches mit Fleisch- oder Wurststückchen eher eine Alltagskost darstellten, zählten Klöße aus Hackfleisch zu den gehobenen Gerichten.

Storzenieren und Schbannschlauch

Als besondere Delikatesse gelten Hackbällchen mit Storzenieren (Schwarzwurzeln). Ein ebenso beliebtes und vielseitiges Gemüse ist der Lauch. Besonders bekannt sind Gerichte wie Schbannschlauch („Spanischer Lauch"), Schmandlauch oder Nesterhebes – mit Hackfleisch gefüllte Kartoffelklöße, die man in ein „Nest" aus Dörrfleisch, Zwiebeln und Lauch mit Mehlsoße setzt. Ebenso traditionell wie beliebt sind Beulchen mit Blutwurst und Lauchgemüse.

Dämbegrudd und Wersching

In der Winterküche geht nichts ohne Weißkohl, Winterendivien, Wirsing, Pastinaken und Steckrüben, die auch als Unterkohlraben oder „Gähle Kollrawen" bezeichnet werden. Ebenfalls sind milchsauer vergorene Gemüse wie Sauerkraut und Schnibbelbohnen beliebt. Während man das Sauerkraut gerne mit Kasseler Rippchen reicht, gibt es den Weißkohl gedämpft als Dämbegrudd mit Speck oder als „Lumpen und Flöh'" mit Schweine- oder Hammelfleisch und Kümmel. Der Wirsing („Wersching") ist als Beilage gestovt (gegart und mit einer hellen Sauce gebunden) oder – genau wie Lauch – heute auch als Zutat für Kartoffelaufläufe beliebt.

SPITZBUWE MIT SPECKSOSSE

für 4 Personen

Zutaten

400 g rohe Kartoffeln
400 gekochte Kartoffeln
100 g Kartoffelstärke
1 Ei
Salz, Pfeffer
für die Specksoße:
je nach Geschmack 50–100 g fetter Speck
2 Zwiebeln
250 ml Milch oder Schmand

Zubereitung

Die rohen Kartoffeln schälen. Rohe und gekochte Kartoffeln reiben. Mit den übrigen Zutaten zu einem Teig kneten. Je nach Feuchtigkeit des Teigs noch etwas Kartoffelstärke untermengen. Dann den Teig mit den Händen zu fingerlangen Stücken formen, die an den Enden spitz zulaufen.

Für die Soße den Speck würfeln und in einer Pfanne auslassen. Die gewürfelten Zwiebeln darin leicht bräunen. Erwärmte Milch oder Schmand zugeben und rühren, bis eine sämige Soße entsteht. Die Soße großzügig über die Diebchen geben.

Gut zu wissen!

Die Specksoße kennt man auch unter dem Namen „Duggefett" (abgeleitet von „ducken" für „eintunken") oder Schustersoße.

TIPP

Probieren Sie die Spitzbuwe auch mal mit Dörrobst. So liebt man sie weiter südlich im Odenwald.

DIEBCHEN

für 4 Personen

Zutaten

600 g rohe Kartoffeln
600 g Pellkartoffeln
0,5 l Milch
1 Tasse Mehl
3 Eier
300 g Ahle Worscht
Salz, Pfeffer, Muskat

Zubereitung

Die rohen Kartoffeln schälen, reiben und gut ausdrücken, die gekochten Kartoffeln pellen und zerdrücken. Die Kartoffelmasse mit Milch, Mehl, Eiern und den Gewürzen zu einem Teig kneten. Je nach Feuchtigkeit des Teigs noch etwas Mehl hinzugeben. Die Ahle Worscht würfeln. Klöße formen und dabei die Worscht-Würfel in die Mitte geben. Die Klöße in Salzwasser ziehen lassen, bis sie an die Oberfläche steigen. In Butter schwenken.

Gut zu wissen!

Die Diebchen kann man mit Schmand oder mit Specksoße servieren. Das Rezept für die Soße finden sie bei den „Spitzbuwe" auf S. 68. Wer die Diebchen nur aus gekochten Kartoffeln bereitet, mit Hackfleisch füllt und in ein Nest aus angebratenem Dörrfleisch, Zwiebeln und Lauch mit Mehlsoße serviert, genießt „Nesterhebes".

TIPP

Kloßreste am nächsten Tag in Scheiben schneiden und in der Pfanne in etwas Fett als Resederkleese (Resteklöße) braten.

MATZE
(KARTOFFELKUCHEN SCHWÄLMER ART)

für 4 Personen

Zutaten

1,5 kg Kartoffeln
1 Stange Lauch
Salz und Pfeffer
Schmalz oder Butter

Gut zu wissen!

Der Name des „Gaduffelguren“ leitet sich wahrscheinlich vom Jiddischen ab, wo Matze für ungesäuertes Brot steht. Auch der Name „Schalet“ für den im Brattopf gebackenen Kartoffelauflauf stammt vermutlich von der jüdischen Bevölkerung Nordhessens. Für den Schalet gibt man statt des Lauchs 100 g Dörrfleisch, eine gehackte Zwiebel und 2 Eier mit unter den Teig aus geriebenen Kartoffeln.

Zubereitung

Kartoffeln schälen und reiben. Den Lauch putzen und zunächst längs aufschneiden, dann halbieren und in schmale Streifen schneiden. Mit den geriebenen Kartoffeln vermengen und würzen. In eine gefettete Auflauf- oder Kastenform geben, etwa 3 cm hoch einfüllen und glatt streichen. Dann Schmalz- oder Butterflöckchen auflegen und bei 180° C Ober-/Unterhitze rund eine Stunde lang backen. Den Kartoffelkuchen in Stücke schneiden und warm servieren.

TIPP

Dazu passt ein grüner Salat. Mancherorts serviert man auch gekochte Heidelbeeren und/oder Bohnenkaffee dazu.

SAUERKRAUT MIT KASSELER RIPPCHEN

für 4 Personen

Zutaten

1 kg Kasseler am Stück
2 Zwiebeln
2 EL Schmalz
1 kg Sauerkraut
einige Wacholderbeeren
2 Lorbeerblätter
1 geriebene Kartoffel oder etwas Kartoffelstärke
Salz

Zubereitung

Das Kasseler in einen Topf geben und in etwas Salzwasser eine gute halbe Stunde ziehen lassen. Schmalz in einen zweiten Topf geben und gewürfelte Zwiebeln darin anschwitzen. Sauerkraut, die Gewürze und 250 ml von der Kasseler-Brühe zugeben. Das Fleisch in dem Sauerkraut fertig garen lassen. Das Fleisch entnehmen, in Scheiben schneiden. Die Lorbeerblätter und Wacholderbeeren entfernen und mit der geriebenen Kartoffel das Sauerkraut binden. Zusammen mit dem Sauerkraut und Salzkartoffeln servieren.

Gut zu wissen!

Der Name Kasseler für das gepökelte und leicht geräucherte Schweinefleisch stammt vermutlich von einem Berliner Fleischermeister namens Cassel und nicht von der nordhessischen Stadt Kassel.

TIPP

Auch Bratkartoffeln oder „Gaduffelbrei“ passen prima zu dem deftigen Gemüse.

KRAUTSHÄUBCHEN
(KRAUTKOPF)

für 1 Gugelhupfform

Zutaten

500 g Hackfleisch (vorzugsweise vom Schwein)
1 dicke Zwiebel
2 altbackene Brötchen (eingeweicht)
ein halber Weißkohl ohne Strünke
Butter
Salz, Pfeffer, Muskat und Senf zum Abschmecken
Grieß zum Ausstreuen der Form

Zubereitung

Weißkohl putzen, in Streifen schneiden und blanchieren. Die eingeweichten Brötchen ausdrücken und mit dem Hackfleisch und der fein gehackten Zwiebel vermengen. Die Masse mit den Gewürzen abschmecken. Die Pudding- oder Gugelhupfform einfetten und mit Grieß ausstreuen, dann die blanchierten Weißkohlstreifen abwechselnd mit der Hackmasse fest in die Form drücken. Man beginnt und schließt mit Weißkohl. Dann die Butterflöckchen obenauf setzen. Für die Puddingform gibt es einen Deckel, die Gugelhupfform kann man mit etwas Alufolie verschließen. Dann das Ganze im Wasserbad (Form sollte halb bis zwei Drittel im Wasser stehen) ankochen und gut eine Stunde leicht köcheln lassen. Den Pudding noch kurz im Wasserbad nachziehen lassen und kurz vor dem Servieren auf eine Platte stürzen.

Gut zu wissen!

Wer keine Puddingform mit Deckel für das Wasserbad hat, kann den Krautkopf auch im Backofen – ebenso eine halbe Stunde bei 160° C Umluft garen. Das Gericht aus dem Backofen heißt mancherorts auch „Fraaß".

TIPP

Dazu passen Salzkartoffeln und eine Bechamel-Sauce. Für die Sauce aus 1 Stich Butter, 1–2 EL Mehl und einem halben Liter Milch eine Mehlschwitze bereiten. Etwas Schmand unterheben und mit Salz, Pfeffer, Muskat und Zucker abschmecken.

SCHBANNSCHLAUCH
(LAUCHGEMÜSE)

für 4 Personen

Zutaten

4 Stangen Lauch
1 Stich Butter
1–2 EL Mehl
250 ml Milch
125 ml Brühe
Salz, Pfeffer, Muskat
gehackte Petersilie

Gut zu wissen!

Das Lauchgemüse kennt man auch unter den Namen „Spanischer Lauch“ oder „Griewerchsgmies“.

Zubereitung

Den Lauch putzen und in Ringe schneiden. In ausgelassener Butter andünsten und mit der Brühe auffüllen. Etwa 20 Minuten lang gar dünsten lassen. Mit Salz, Pfeffer und Muskat würzen und mit dem in der Milch angerührten Mehl binden. Mit gehackter Petersilie überstreuen und servieren.

SCHLOBBERKOHL
(ENDIVIEN-GEMÜSE UND STRÜNKCHEN)

für 4 Personen

Zutaten

1 Winter- oder Sommerendivie
(Kasseler Strünkchen)
100 g durchwachsener Speck
1 Stich Butter
1 Becher Schmand
2 Eigelb
1 EL Mehl
125 ml Milch
Salz, Muskat, Zucker

Gut zu wissen!

Das Kasseler Strünkchen ist eine selten gewordenen Spezialität. Es handelt sich um eine Variante des Romana-Salates, auch Sommerendivien genannt. Aus den Blättern und dem Strunk des in der Blüte stehenden Salates macht der Nordhesse im Sommer seinen Schlobberkohl.

TIPP

Um der Endivie das Bittere zu entziehen, legt man die Blätter einige Minuten in warmes Wasser.

Zubereitung

Die Endivienblätter vom Strunk lösen und in grobe Stücke schneiden. Soll der Strunk mitgekocht werden, diesen gesondert putzen, in dünne Scheiben schneiden und garen. Er braucht etwas länger als die Blätter, bis er weich ist. Blätter und Strunk jeweils in etwas Salzwasser noch bissfest garen. In der Zwischenzeit eine Mehlschwitze bereiten. Butter auslassen, mit Mehl mischen und unter Rühren mit der Milch ablöschen. Den Schmand und das Eigelb unterrühren und mit den Gewürzen abschmecken. Zum Schluss ausgelassene Speckwürfel unter das gekochte Gemüse heben.
Dazu passen Frikadellen oder Bratwurst und Kartoffeln.

GADDUFFELUFFLUFF MIT WERSCHING
(KARTOFFELAUFLAUF MIT WIRSING)

für 4 Personen

Zutaten

500 g Pellkartoffeln oder Salzkartoffeln vom Vortag
1 kleiner Wirsing
für die Soße:
1 Stich Butter
50 g Speckwürfel
300 ml Milch
200 g Schmand
1 Zwiebel
1 Knoblauchzehe
nach Geschmack Käse nach Gouda-Art
Mehl
Salz, Pfeffer, Muskat

Zubereitung

Den Wirsing von Strunk und Rippen befreien, in Stücke schneiden und waschen. In einem Topf mit Salzwasser den Wirsing blanchieren, abgießen und anschließend grob hacken. Butter in einen Topf geben, Speckwürfel, gehackte Zwiebel und zerdrückte Knoblauchzehe zugeben. Wenn die Zwiebeln glasig sind, Mehl mit Milch und Schmand verrühren und zugeben. Die Masse unter Rühren anziehen lassen und abschmecken. Die Kartoffeln in Scheiben schneiden und abwechselnd mit dem Wirsing in eine Auflaufform einschichten. Mit der Soße übergießen und nach Geschmack auch etwas geriebenen Käse aufstreuen. Den Auflauf bei 180° C Ober-/Unterhitze überbacken.

Gut zu wissen!

Ein weiterer Kartoffelauflauf heißt „Röhrenklump". Hierfür reibt man 1,5 kg Kartoffeln, lässt die Masse auf einem Sieb abtropfen. Zwiebeln und Knoblauchzehe sowie 8 EL Haferflocken kommen zur Bindung hinzu. In einem ¼ l Milch kocht man die Masse zusammen mit angebratenen Speckwürfeln auf. Der entstandene Klumpen kommt in eine Auflaufform und wird mit Speckwürfeln und Paniermehl bestreut im Ofen eine gute Stunde lang gebacken.

BACKESKARTOFFELN

für ein Blech

Zutaten

1 kg mittlere Kartoffeln
100 g Butter
150 g Schinkenwürfel oder etwas Kümmel

Zubereitung

Die Kartoffeln schälen, halbieren und mit der Schnittfläche nach oben auf ein gefettetes Backblech setzen. Butterflöckchen und Schinkenwürfel oder Kümmel obenauf geben und im vorgeheizten Backofen bei 200° C Ober-/Unterhitze gut 30 Minuten backen.

Gut zu wissen!

Neben den Backeskartoffeln sind auch gefüllte Kartoffeln sehr bekannt. Ein Rezept für „Weggewerksgaduffeln“ finden Sie beim Weckewerk im Fleischkapitel auf S. 54.

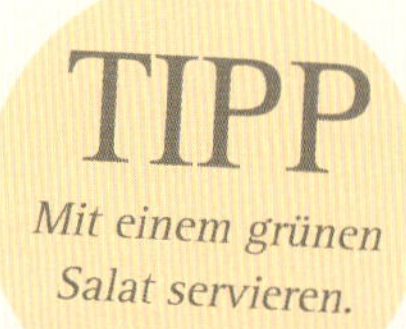

BROTAUFLAUF

für eine Auflaufform 28x18 cm (4 Portionen)

Zutaten

6–8 Schnitten altbackenes Graubrot oder Pellkartoffeln in Scheiben vom Vortag
1 Zwiebel
75 g gewürfelter Speck
2 Tomaten
1 Bund Lauchzwiebeln oder
1 Lauchstange
1 Becher Schmand
150 g geriebener Käse
Salz und Pfeffer

Zubereitung

Das Brot in die Auflaufform legen. Die Tomaten und Lauchzwiebeln waschen und fein schneiden. Die Zwiebel schälen und fein würfeln. Die Gemüse mit den Speckwürfeln über dem Brot verteilen. Mit Pfeffer und Salz würzen. Den Schmand und zuletzt den Käse darübergeben. Bei 175° C 30 Minuten backen.

TIPP

In der Kürbiszeit kann man auch einen Viertel Hokkaido-Kürbis raspeln und mit in den Auflauf geben. Auch mit Pellkartoffeln vom Vortag statt mit Brot schmeckt der Reste-Auflauf.

Gut zu wissen!

„Brotuffluff“ war neben Brotpudding und Armen Rittern eine beliebte Möglichkeit, altbackenes Brot in der Küche schmackhaft zu verwerten.

OBERKOHLRABI

für 4 Personen

Zutaten

2–3 mittlere Kohlrabi
125 g Schmand
Butter
1 EL Mehl
gewürfelter Speck nach Geschmack
Salz, Pfeffer, Muskat
gehackte Petersilie

Zubereitung

Die Kohlrabi schälen und in Stifte schneiden. In etwas Salzwasser 10–15 Minuten garen. Dic Kohlrabi abgicßcn, dabci das Kochwasser auffangen. Einen Stich Butter im Topf auslassen, mit dem Mehl mischen und etwas von der Gemüsebrühe angießen. Mit Schmand aufkochen und sämig rühren. Mit den Gewürzen abschmecken und mit gehackter Petersilie servieren.

Gut zu wissen!

Als Unterkohlrabi bezeichnet man die Steckrübe, die unterirdisch wie die Rübe wächst, mit Oberkohlrabi meint der Gärtner die herkömmliche Kohlrabi.

TIPP

Mit Salzkartoffeln und Hackbällchen oder einem Fleischgericht servieren. Typisch für die Region ist auch ein Eintopf aus Kohlrabi und Kartoffeln mit Speckstücken. Man gibt etwas mehr Kochwasser und 500 g Kartoffelwürfel zu den Kohlrabistiften.

GÄHLE KOLLRAWEN
(STECKRÜBEN)

für 4 Personen

Zutaten

500 g Steckrübe
500 g Möhren
Ahle Worscht
Butter
Salz

Zubereitung

Die Steckrübe und die Möhren schälen und in Stifte schneiden. In etwas Salzwasser garen, sodass sie noch Biss haben. Dann etwas Butter in einer Pfanne auslassen und die Gemüsestifte zusammen mit dünnen Ahle-Worscht-Scheiben schwenken.

Gut zu wissen!

Steckrüben schmecken ähnlich wie Kohlrabi. Daher nennt man sie auch gerne „gähle Kollrawen" oder Unterkohlrabi. Je nach Sorte haben sie eine leicht nussige oder bittere Note.

TIPP

Zusammen mit etwas Brot gereicht, ist das Gemüsegericht eine vollwertige Mahlzeit, als kleine Portion eine leckere Vorspeise.

FRÜCHTEKÜCHE
SÜSSES AUS DER OBSTKAMMER

Schmeckerwöhlerchen aus Obst und Milch

Aufwändige Nachtische findet man in Nordhessen nicht, stattdessen wird der Feinschmecker von einer unvergleichlichen Obst-Vielfalt überrascht. Eine lange Tradition haben Fruchtkompotte, denn man brachte früher jeden Überschuss aus dem eigenen Garten ins Glas. Besonders Kirschen und Pflaumen sind beliebte Einmachfrüchte, die auch nach einigen Monaten noch appetitlich anzuschauen sind.

Eingemachte Früchte, Obstkuchen und Liköre

Blechkuchen mit Obst und Schmand zählen ebenfalls zu den traditionellen Desserts, denn frisches Obst verwertet man bis heute gerne als Kuchenauflage. Darüber hinaus reicht man nach einem üppigen Mahl einen Aufgesetzten. Der Obstlikör kann aus Kirschen oder Beerenfrüchten aus dem Garten, wilden Schlehen oder auch grünen oder reifen Nüssen hergestellt werden. Die Früchte gibt man mit Kandiszucker, Gewürzen wie Vanille, Sternanis oder Zimt in ein Ansatzglas und füllt es mit einem hochprozentigen Alkohol wie einem Korn oder Weinbrand auf. Über mehrere Wochen bis zu einigen Monaten lässt man den Ansatz ziehen. Sind Farbe und Aroma aus den Früchten in den Alkohol gewichen, seiht man das Obst ab und füllt den Aufgesetzten in Flaschen. Besonders an kalten Abenden sind die selbst gemachten Fruchtliköre eine Wohltat. Auch zum Verfeinern von Obstkaltschalen und Fruchtgrützen verwendet man sie gerne.

Vanillesoße, Milchreis und Grießbrei zu Obst

Vanillesauce, Flammeri, Milchreis, Quark- oder Hefeklöße und Schmandcreme zählen ferner zu den Klassikern, die man mit frischem oder eingemachtem Obst reicht. Ein gekochter Brotpudding gehört ebenfalls zum Nachtisch-Repertoire Nordhessens. Der im Wasserbad gekochte Pudding wird mit Trockenfrüchten angereichert und stammt noch aus einer Zeit, als man gerne Brot- und andere Reste verwertete. Mit Fruchtgrütze, Weinschaum- oder Vanillesauce reicht man den warmen Pudding, der geschmacklich an englischen Teekuchen erinnert.

Kirschen-Latwerge und Hoink

Zu den besonderen Spezialitäten aus früheren Zeiten zählen Kirschen-Latwerge (Kirschkonfitüre) und Hoink (Zwetschenmus). Die Früchte wurden früher in großen Kupferkesseln nur mit Honig oder dem eigenen Fruchtzucker solange einreduziert, bis eine zähe süße Masse entstand. Heute sind sie nach Originalrezepten selten zu kaufen, aber noch durchaus beliebt zum Füllen von Windbeuteln oder als Beilage zu Schmandwaffeln.

GRIESSFLAMMERI MIT ERDBEER-SIRUP

für 4–6 Personen

Zutaten

1 l Milch
4 EL Zucker
Mark einer Vanilleschote
125 g Grieß
1 Ei nach Geschmack
1 Prise Salz
abgeriebene Zitronenschale
250 g frische, gezuckerte Erdbeeren
etwas Butter und Mandelblättchen

Zubereitung

Die Milch mit dem Salz zum Kochen bringen. Zucker und Vanillemark zugeben. Grieß einrieseln lassen und unter Rühren kurz aufkochen lassen. Nach Gusto das verquirlte Eigelb unterrühren und das steif geschlagene Eiweiß unterheben. In eine kalt ausgespülte Form füllen und warm oder kalt reichen.
Für gebratene Grießklößchen kurz vor dem Servieren mit zwei in Wasser getauchten Löffeln kleine Klößchen von der Masse abstechen und diese in Butter braten.

Gut zu wissen!

Wer in der Erdbeerzeit Überschüsse hat, kann ganz einfach Erdbeersirup auf Vorrat produzieren: 1 kg reife Erdbeeren (ohne Stilansatz) mit dem Saft einer Zitrone und 500 ml Wasser vermischen. Das Gemisch lässt man über Nacht stehen, sodass die Früchte Wasser ziehen können. Anschließend drückt man die Masse durch ein Haarsieb oder ein feines Leinentuch. Den gewonnenen Saft kocht man mit einem Kilo Zucker und der Schale einer halben unbehandelten Zitrone auf. Der Sirup muss eine Minute sprudelnd kochen und im Anschluss direkt in saubere Flaschen abgefüllt und fest verschlossen werden.

TIPP

Nach Belieben die Grießklöschen in gerösteten Mandeln wälzen.

MILCHREIS MIT OBST

für 6–8 Personen

Zutaten

1 l Milch
250 g Reis (je nach Vorliebe auch nur 125 g für nicht ganz so steifen Reis)
ein Stich Butter
4 EL Zucker
1 Vanillestange
1 Prise Salz
Zimtzucker zum Bestreuen oder
2 Gläser eingemachte Pflaumen oder Sauerkirschen
2 EL Speisestärke

Gut zu wissen!

Früher war Reis kostbar und teuer, denn man konnte ihn nur von fahrenden Händlern beziehen. Es zeugte von besonderem Wohlstand, seinen Gästen einen Reisbrei zu servieren.

TIPP

Das Rezept für die eingemachten Pflaumen finden Sie auch in diesem Kapitel auf S. 86.

Zubereitung

Die Milch mit der aufgeschlitzten Vanillestange und der Prise Salz aufkochen und den Reis zugeben. Diesen rund eine halbe Stunde simmern lassen. Dann die Butter und den Zucker unter Rühren zugeben. Noch weitere 10 Minuten bei sehr kleiner Flamme leise quellen lassen. Gelegentlich umrühren. Den Reis etwas abkühlen lassen und in eine Glasschüssel geben. Mit Zimtzucker bestreuen oder mit angedickten Früchten in Gläser einschichten.
Die Früchte für den Pflaumen- oder Kirschbrei abtropfen lassen und den Saft mit 2 EL kalt angerührter Speisestärke aufkochen. Wenn die Masse anzieht, mit Zimt, Zitrone und Zucker abschmecken, die Früchte zugeben und abkühlen lassen.

ÄBBEL-LEIWERCHEN

für 4 Personen

Zutaten

4 Äpfel
150 g Mehl
2 EL Zucker
1 Prise Salz
125 ml helles Bier
1 Eiweiß
ausreichend Fett zum Frittieren
Zimtzucker

Zubereitung

Die Äpfel schälen, das Kerngehäuse ausstechen und die Äpfel in 1–2 cm dicke Ringe schneiden. Zutaten für den Teig miteinander verrühren. Diesen kurz ruhen lassen. Dann die Apfelringe in den Teig tauchen, etwas abtropfen lassen und sofort von beiden Seiten im heißen Fett ausbacken. Die Apfelringe auf einem Küchenkrepp etwas abtropfen lassen und warm mit Zimtzucker bestreut servieren.

Gut zu wissen!

Auch die in Fett ausgebackenen Apfelstrauben, Apfelwürfel in Weißweinteig, sind sehr beliebt: Aus 2 Eiern, 2 klein gewürfelten Äpfeln, 1 EL Mehl, 2 EL Weißwein sowie Rosinen bereitet man einen Teig. Den Teig gibt man portionsweise in das heiße Fett. Das Gebäck von beiden Seiten goldbraun backen. Die Apfel-Häufchen mit Puderzucker bestreut servieren.

TIPP

Mit Weinschaumsoße serviert man die Abbel-Leiwerchen auch gerne zum Sonntagskaffee.

HEFEKLÖSSE MIT HUTZELN

für 4 Personen

Zutaten

500 g Mehl
20 g Hefe
125 ml Milch
75 g Zucker
1 Prise Salz
3 Eier
60 g weiche Butter
250 g getrocknete Birnen („Hutzeln“)
Obstsaft oder -sirup

Zubereitung

Die Birnen einige Stunden in etwas Wasser einweichen. Dann trocken tupfen und klein schneiden. Das Mehl mit in lauwarmer Milch verrührter Hefe, dem Zucker und dem Salz zu einem homogenen Teig kneten. Diesen eine halbe Stunde lang gehen lassen. Die Birnenstücke in den Teig einarbeiten und zu großen Klößen formen. Wasser mit etwas Salz zum Kochen bringen und die Knödel dann gut 20 Minuten lang gar ziehen lassen. Die fertigen Hefeklöße mit Obstsaft oder -sirup übergießen und heiß servieren.

Gut zu wissen!

Man kennt die Klöße auch in etwas abgewandelter Form als Quarkklöße: 500 g Quark, 150 g trockener, geriebener Weck, 50 g Butter und 2 Eier werden zu einem Teig geknetet.

TIPP

Da die „Hutzeln“ sehr schlecht zu erhalten sind, kann man auch alternativ getrocknete Apfelstücke nehmen oder die Klöße ohne Obst bereiten.

EINGEMACHTE PFLAUMEN

für 4 Gläser à 400 ml

Zutaten

300 g Zucker
½ TL Zimt
Saft von 1 Zitrone
2 Päckchen Vanillezucker oder aufgeschlitzte Vanillestange
½ TL Zimt
2,5 Kilo Pflaumen oder Zwetschen
1 Liter Wasser oder ½ Liter Wasser und ½ Liter trockener Rotwein
sterile Schraubgläser

Gut zu wissen!

Das Rezept für die Vanillesoße finden Sie bei den Bratäpfeln in diesem Kapitel auf S. 91.

Zubereitung

Aus Wasser, Rotwein, Zitronensaft, Zucker und den Gewürzen einen Sirup kochen. Diesen einige Stunden oder über Nacht durchziehen lassen. Vanilleschote und Zimtstangen entfernen. Die Pflaumen verlesen, waschen, entkernen und halbieren. Die Früchte in Gläser einschichten und mit dem Sirup bedecken. Die Gläser verschließen und in einem großen Topf einkochen lassen.

Dafür ein feuchtes dünnes Baumwollhandtuch in den Topf legen. Die Gläser darauf platzieren, sodass sie nicht wackeln oder anstoßen. Den Topf mit Wasser auffüllen. Die Gläser sollten etwas mehr als die Hälfte mit dem Wasser bedeckt sein. Deckel auflegen und Wasser zum Kochen bringen, dann etwas herunterschalten. Die Gläser rund 30 Minuten simmern lassen und noch mal 10 Minuten in der Nachwärme stehen lassen. Das Eingemachte bis zum Verzehr kühl und dunkel lagern.

TIPP

Die eingemachten Pflaumen schmecken kalt und warm zu Milch-Desserts oder süßen Pfannkuchen. Traditionell reicht man sie zu Vanillepudding oder -soße.

KIRSCHEN-LATWERGE
(FRUCHTAUFSTRICH MIT HONIG)

für 6 Gläser à 250 ml

Zutaten

1 kg entsteinte Kirschen
500 g Gelierzucker 2:1
Honig nach Geschmack
Saft einer Zitrone

Zubereitung

Die entsteinten Kirschen mit dem Zucker und dem Zitronensaft vermengen und etwas durchziehen lassen. Dann Honig nach Geschmack zugeben und zum Kochen bringen. Wenn die Masse anzieht, eine Gelierprobe machen und die Kirschkonfitüre heiß in sterile Schraubgläser füllen.

Gut zu wissen!

Früher wurde die Kirschen-Latwerge nur mit Honig bereitet. Man musste die Masse dann sehr lange einreduzieren lassen, um sie haltbar zu machen. Nicht nur als Brotaufstrich, sondern auch als Beigabe zu verschiedenen Speisen und als Medizin ließ man sich die mit Honig eingekochte Fruchtmasse schmecken. Ein weiterer typischer Aufstrich ist „Hoink“, ein Zwetschenmus, oder Pflaumen-Latwerge.

BUTTERMILCHSPEISE

für 4 Personen

Zutaten

5 Blatt Gelatine
200 ml Buttermilch
250 ml roter Fruchtnektar oder Fruchtmark
250 g Schlagsahne
80 g Zucker oder mehr (je nach Säure der Früchte)

Zubereitung

Gelatine in kaltem Wasser einweichen. Nektar und Buttermilch mit Zucker abschmecken und erhitzen (nicht kochen lassen). Die ausgedrückte Gelatine langsam einrühren, bis sie vollständig aufgelöst ist. Die Masse abkühlen lassen und geschlagene Sahne unterheben. Abermals mit Zucker abschmecken. Die Masse in eine Servierschüssel geben und im Kühlschrank stocken lassen.

Gut zu wissen!

Die Buttermilchspeise kann auch ohne Sahne bereitet werden. Man benötigt dann entsprechend mehr Buttermilch, Saft und Gelatine.

TIPP

Mit etwas gesüßtem Fruchtmark oder Sahnehaube und Obst dekorieren.

SCHMANDWAFFELN

für 6 Herzwaffeln

Zutaten

250 g Mehl
1 Becher Schmand
5 Eier
1 Prise Salz
½ TL Backpulver
etwas Milch oder Mineralwasser
für das Kirschkompott und die Sahne:
500 ml Kirschen im Glas
2 EL Speisestärke
Zucker und Zimt nach Geschmack
250 ml Sahne
1 Päckchen Vanillezucker

Zubereitung

Mehl, Schmand und Eigelb zu einem Teig rühren. Salz, Backpulver und – je nach Festigkeit des Teigs – Flüssigkeit zugeben. Das Eiweiß steif schlagen und unter den Teig heben. Den Teig portionsweise in einem Waffeleisen ausbacken.

Die Kirschen samt Saft in einem Topf zum Kochen bringen. Mit angerührter Speisestärke andicken und mit Zucker und Zimt abschmecken. Sahne mit Vanillezucker steif schlagen. Die Waffeln mit einem Klecks Kirschkompott und Sahne servieren.

Gut zu wissen!

Nordhessische Schmandwaffeln enthalten keinen Zucker. Sie werden stattdessen mit Zimtzucker oder Früchten und Sahne serviert. Auch Windbeutel mit Kirsch-Sahne-Füllung sind sehr beliebt.

TIPP

Die Waffeln gehen besonders schön auf und werden toll knusprig, wenn man statt Milch etwas Mineralwasser zufügt.

BROTPUDDING

für eine Puddingform

Zutaten

350 g altbackenes Weißbrot („Weck") oder Brötchen
100 g geriebene Mandeln
200 ml lauwarme Milch
125 g flüssige Butter
2 EL Zucker
1 Vanillezucker
3 EL Rum
1 Prise Salz,
Zitronenabrieb von 1 Bio-Zitrone
4 Eier
3 EL Rosinen
Fett und Weißbrotbrösel für die Puddingform

Zubereitung

Weißbrot in lauwarmer Milch durchziehen lassen. Zucker, Vanillezucker, Rum, Salz, geriebene Mandeln, Butter und Zitronenabrieb zugeben und durchkneten. Das Eigelb und das steif geschlagene Eiweiß sowie die Rosinen unter die Masse ziehen. Eine Puddingform einfetten und mit Weißbrotbröseln auskleiden. Masse einfüllen und die Form verschließen. Im Wasserbad eine Stunde garen lassen. Mit Vanille- oder Weinschaumsoße servieren.

Gut zu wissen!

Das Rezept für die Vanillesoße finden Sie bei den Bratäpfeln auf der nächsten Seite, das Rezept für die Weinschaumsoße bei den Apfelpfannkuchen im zweiten Kapitel.

BRATÄPFEL

für 6 Personen

Zutaten

6 Äpfel
Walnüsse und Rosinen nach Geschmack
3 EL Schmand
Zimtzucker
nach Geschmack 1 Flasche Weißwein oder heller Traubensaft

Für die Vanillesoße
1 l Milch
1 Vanilleschote
Zucker nach Geschmack
1 gehäufter EL Speisestärke
3 Eigelb

Gut zu wissen!

Auf der Vanillesoße bildet sich keine Haut, wenn man sie im Wasserbad unter Rühren etwas abkühlen lässt. Auch ein Stück Frischhaltefolie, das man auf die noch warme Soße auflegt, kann der Hautbildung vorbeugen.

Zubereitung

Die Äpfel nach Belieben schälen oder nur waschen und das Kerngehäuse ausstechen. Die Nüsse klein hacken und zusammen mit den Rosinen und dem Schmand mischen. Die Masse in die ausgehöhlten Äpfel geben. Die gefüllten Äpfel in eine Auflaufform geben, mit Zimtzucker überstreuen und nach Geschmack mit dem Wein oder Saft angießen. Rund 30 Minuten bei 160° C Ober-/Unterhitze im Backofen garen. In der Zwischenzeit etwas Milch zum Anrühren der Speisestärke abnehmen und die restliche Milch mit der aufgeschlitzten Vanilleschote zum Kochen bringen. Flüssige Speisestärke unter Rühren in die Milch geben und kurz aufkochen lassen, bis die Flüssigkeit anzieht. Dann mit Zucker abschmecken. Die Vanilleschote entnehmen und die Soße zusammen mit den heißen Bratäpfeln warm oder kalt reichen.

TIPP

„Brodeäppel“ schmecken auch als süße Hauptmahlzeit. Man rechnet dann pro Person zwei Äpfel und die doppelte Menge Soße.

SCHMANDCREME MIT HIMBEEREN

für 6 Personen

Zutaten

500 g Schmand (oder 250 g Schmand und 250 g Quark)
½ Päckchen gemahlene weiße Gelatine
etwas kaltes Wasser
Mark einer Vanilleschote
Zucker nach Geschmack
250 g Himbeeren (oder 125 g Himbeeren und 125 g Johannisbeeren)
Minz- oder Melissenblättchen

Zubereitung

Schmand mit Vanillezucker und Zucker cremig rühren, dann die in kaltem Wasser aufgelöste und leicht erwärmte Gelatine unterziehen, in Serviergläser füllen. Die Früchte pürieren und süßen. Wer keine Kerne mag, kann das Fruchtpüree noch durchsieben. Die Creme gute zwei Stunden im Kühlschrank fest werden lassen. Kurz vor dem Servieren das Fruchtpüree obenauf geben. Mit frischen Früchten und Minz- oder Melissenblättchen garnieren.

GRÜNER NUSSLIKÖR (AUFGESETZTER)

für 1 Flasche

Zutaten

6 grüne Walnüsse
200 g Kandiszucker
4 Zitronenscheiben
1 Zimtstange, 3 Sternanis, 3 Nelken, 1 aufgeschlitzte Vanilleschote
100 ml Wasser
600 ml Korn oder Weinbrand

Zubereitung

Die grünen Nüsse um den 24. Juni herum ernten und mit einer Nadel ringsherum einstechen. Etwa 10 Tage in einem Ansatzglas wässern, damit die Bitterstoffe entweichen. Dann die grünen Walnüsse aufschneiden und in Stücke schneiden. Mit den übrigen Zutaten in ein Ansatzglas schichten und bis zu 6 Monate ruhen lassen. Wenn der Likör eine dunkelbraune Farbe angenommen hat, abfiltern und in eine Flasche umfüllen.

PFLAUMENKUCHEN

für 1 Blech à 16 Stücke oder 2 runde Tartes à 26 cm Ø

Zutaten

für den Boden:
375 g Mehl
125 g Butter
125 g Zucker
20 g Hefe
1 Ei
1 Prise Salz
etwas warme Milch
Mehl für die Arbeitsfläche
für den Belag:
1,5 kg Pflaumen oder Zwetschen
Zitronensaft
Zimt und Zucker
Streusel nach Belieben

Zubereitung

Aus den Zutaten für den Boden einen Hefeteig bereiten und ruhen lassen. In der Zwischenzeit die Pflaumen halbieren, entkernen und Viertel einritzen. Das Obst mit Zitronensaft beträufeln, damit es nicht braun wird. Den Teig mit etwas Mehl aufarbeiten und rechteckig ausrollen. Auf ein gefettetes Blech legen. Am Rand den Teig etwas hochziehen und mit einer Gabel mehrfach einstechen. Die Pflaumen dicht an dicht auf den Teig legen. Nach Belieben Zimtzucker und Streuselmasse auf die Pflaumen geben. Den Kuchen bei 180° C mit Unter-/Oberhitze backen, bis Teig und Streusel goldgelb sind.

Gut zu wissen!

Für Streuselmasse Mehl, Zucker und Butter in einem Verhältnis 2:1:1 mischen. Für ein Blech 250 g Mehl mit 125 g Zucker und 125 g flüssiger Butter mischen. Wenn die Streusel zu feucht erscheinen, noch etwas Mehl unterkneten.

TIPP

Wenn kein Obst verfügbar ist, tut es auch Schmand: Für den „Schmondguren" 500 ml Schmand mit 3 EL Zucker und 1 EL Milch verrühren und auf dem Hefeteig verstreichen. Mit Zimt bestreuen und backen.

REGISTER

A
Äbbel-Leiwerchen ... 84
Apfelpfannkuchen ... 30
Apfelwürfel in Weißweinteig ... 84
Arme Ritter ... 34

B
Backeskartoffeln ... 76
Bärlauchsuppe ... 40
Bauernfrühstück ... 37
Bauernsülze ... 55
Bohnensalat ... 18
Bratäpfel mit Vanillesoße ... 91
Brotauflauf ... 77
Brotpudding ... 90
Buttermilchspeise ... 88
Buttermilchsuppe mit Obst ... 43

D
Diebchen ... 69
Dünner Lattich ... 12

E
Eierkäse ... 33
Eiersalat mit Spargel ... 32
Eierschmalz ... 32
Eierstich ... 64
Eingemachte Pflaumen ... 87
Erbsbrei ... 19
Erbsensuppe ... 41

F
Fleischtopf mit grünen Bohnen ... 46

G
Gaduffelsalad ... 22
Gähle Kollrawen ... 79
Gänsebraten ... 57
Geflügelragout ... 62
Graupensuppe ... 51
Grießflammeri mit Erdbeersirup ... 82
Grüne Erbsensuppe mit Eierschwämmchen ... 47
Grüne Soße ... 13
Grüner Nusslikör ... 92
Gulasch halb und halb ... 61
Gurkensalat ... 20

H
Hackbällchen mit Storzenieren ... 60
Hefeklöße mit Hutzeln ... 85
Heidekornmehlküchelchen ... 27
Hessischer Sauerbarten ... 63
Himmel und Erde mit Blutwurst ... 59

K
Kaninchenkeulen ... 58
Kartoffelauflauf mit Wirsing ... 75
Kartoffel-Rindfleischauflauf ... 75
Kartoffelpfannkuchen ... 35
Kartoffelsuppe ... 48
Kirschen-Lattwerge ... 87
Kirschmichel ... 31
Krautshäubchen ... 72

L
Lattich ... 12
Leimen un Stroh ... 45
Lumpen un Flöh ... 44

M
Matze ... 70
Milchreis mit Obst ... 83

N
Nüsschen mit Schmand ... 15

O
Oberkohlrabi ... 78

P
Pflaumenkuchen ... 93

Q
Quarkklöße ... 85
Quer-durch-den-Garten-Suppe ... 49

REGISTER

R
Rehkeule ... 56
Resteklöße ... 69
Rinderrouladen ... 65
Röhrenklump ... 75
Rührei mit Pfifferlingen ... 33
Rote Rübensalat ... 21
Rotkrautsalat ... 23

S
Salzekuchen ... 26
Sauerkraut mit Kasseler Rippchen ... 71
Saure Gurken ... 16
Saures Bohnengemüse ... 42
Schalet ... 70
Schbannschlauch ... 73
Schepperlinge ... 35
Schlobberkohl ... 74
Schmalzaufstrich ... 14
Schmandcreme mit Himbeeren ... 92
Schmandfladen ... 36
Schmandhering ... 64
Schmandpudding ... 92
Schmandwaffeln ... 89
Schnippchen ... 17
Speckpfannkuchen ... 29
Spitzbuwe mit Specksoße ... 68
Steckrübensuppe mit Bauchlappen ... 50

T
Tafelspitz mit Meerrettichsoße ... 64

W
Wecksuppe ... 34
Weckewerk ... 54
Weißkrautsalat ... 23

Z
Zwäwwelguren ... 28